Wiglaf Droste
MEIN KAMPF, DEIN KAMPF

Mit Zeichnungen
von Rattelschneck

Publiziert bei
Edition Nautilus

Editorische Notiz: Wiglaf Droste, 1961 in Herford/Westfalen geboren, war u.a. Mofapfarrer, Grätenwerfer in einer Fischmehlfabrik, Rettungsschwimmer und Redakteur bei *taz* und *Titanic.* Diverse Bücher und Tonträger, regelmäßige Veröffentlichungen u.a. in *Titanic,* im *Tip* und als *Schlachtenbummler*-Kolumnist im *Neuen Deutschland.* Seit 1991 rege Zusammenarbeit mit dem Hamburger Zeichner Rattelschneck. Lebt als Journalist, Schriftsteller, Gelegenheitssänger und Mitglied des *Benno-Ohnesorg-Theaters* in Berlin. *Mein Kampf, Dein Kampf* ist nach *Kommunikaze* (a-verbal 1989, Neuauflage Verlag Weißer Stein 1993) sein zweites Buch. Danach erschienen in der Edition Nautilus noch: *In 80 Phrasen um die Welt / Extended Remix* und *Am Arsch die Räuber.* Titelmotiv und Zeichnungen: Rattelschneck.
Umschlaggestaltung: Irene Vögeli

Edition Nautilus Verlag Lutz Schulenburg
Am Brink 10 · 21029 Hamburg

3. Auflage 1993 · ISBN: 3-89401-196-3
Printed in Germany

für Käpt'n Haddock

Schlimm!

Sonntag, 11 Uhr morgens. Das Telefon klingelt. „Soll ich Dich abholen?“ fragt Freund Wolfgang. Abholen? Ist es wieder soweit? Werden wieder Menschen abgeholt? An der Haustür? Ins Café? Zum Frühstück? Mitten in Deutschland? Vor unser aller Augen? Dazu dürfen wir nicht schweigen!

Einfach mal raus

Reisebüro *Titanic*, Oppelner Straße in Berlin 36. Eine junge Deutsche mit grob- und selbstgehäkeltem Stirnband in weinrot möchte „vier Wochen nach Cuba, am liebsten mit einer Gruppe, nur nicht touristisch.“ Die Sonnendealerin ihr gegenüber sieht aus, als sei sie dergleichen Kummer gewöhnt. „Sprichst Du spanisch?“ fragt sie immerhin noch pro forma und empfiehlt, als das ganz selbstverständlich, indigniert beinahe, verneint wird, „doch eher eine Pauschalreise.“ — „Von mir aus auch pauschal, aber nicht touristisch“, beharrt die junge „anders reisen“-Geschädigte mit dieser nur-für-Frauen-Workshop-trainierten Entschlossenheit, bei der man weiß, da ist nichts zu machen, und die professionelle Fluchthelferin auf der anderen Seite des Verkaufstresens schickt ein Achselzucken gen Himmel und fügt sich drein: „Cuba? Wann genau möchtest Du fliegen...?“

Von Frauen lernen heißt siegen lernen.

I ♥ N.Y.

Berlin, *Loft* am Nollendorfplatz, Lenny Kravitz spielt sein Gebräu aus Hendrix, Lennon und langen Haaren, es ist heiß, die Suppe läuft die Fuge runter bis in die Schuhe, rasch ein Bier greifen. „Stalingrad, Stalingrad, alle fünf Minuten stirbt ein deutscher Soldat", repetiert unablässig ein kahlgeschorener Mittzwanziger, Ringe unter den Augen wie ein Popstar an den Fingern, trommelt einen Marschrhythmus auf den Tresen und stiert Löcher in die Luft. „Ich weiß nicht, wie du drauf bist, aber du bist gut drauf", nickt ihm sein Thekennachbar, ein hibbeliger Lächler, zu. „Ich sammle Seelen", gibt der Kahle düster, vage und irgendwie zäh zurück, der Lächler lächelt und nickt wieder, ganz Ichverstehdich und Harmonie, und dann reden reden reden die beiden über das Lieblingsthema aller „Ich-bin-ein-Berliner!"-Berliner, „New York", diesen kategorischen Nulltarif, der immer mit mindestens drei Ausrufungszeichen geraunt zu werden hat.

Doch doch, ihr beiden, ihr macht mir Spaß, ich klinke mich ein, Kennermiene und Genießerlächeln ins Gesicht gezwungen, „hoho, und der Latino-Friseur in der Fifth Street, hoho" o.s.ä., völlig wurscht, immer nur gib ihm und forsch-doof dahergebrabbelt, noch ein zungenschnalzend-auftrumpfendes „Lower East ist sssuuper!" und schon hat man zwei neue Freunde, und wenn sie schon ganz knopfäugig sind vor Glück und Soße, zuckt man die Achseln und sagt: „Echt geile Stadt, New York — schade, daß ich nie da war", und läßt sie stehen, klappt garantiert immer, an diesem Abend gerade wieder.

I ♥ N.Y.

Nimm ihn wieder, Erich!

Zur Einweisung Krawczyks in die BRD — 1 kleine Hommage an Honecker

Als Musikkritiker ist Erich Honecker einsame Spitze: Die Entscheidung, Stefan Krawczyk des Landes zu verweisen, ist unter rein künstlerischen Gesichtspunkten von seltener Geschmackssicherheit; ein eindeutiges, konsequentes Votum gegen Gesangsjammern („Abgestürzt vom Rand der Tränen / lang genug umsonst geheult..." usw.) und eine talentlose Lyrik, die das übliche Betroffenheitsmittelmaß noch weit unterschreitet.

Im westdeutschen Kulturbetrieb haben Dichter ab zwei Groschen abwärts ohnehin die allerbesten Erfolgsaussichten; handelt es sich darüber hinaus noch um authentisch-östliche Schmerzensmänner mit starker Neigung zum Dissidieren, ist quasi alles klar und geritzt: Krawczyk wird uns als Themanummereins, als Idealtypus des Vollheroen medial um die Sinne geschlagen, und U. Lindenberg will ihn auch noch bei und mit sich singen lassen — ein doppelter horror teutonicus.

Ein selten gerechtes Schicksal hat Stefan Krawczyk zunächst nach Bielefeld verschlagen — einen niederschmetternderen, geistverlasseneren Ort kann es auch in der DDR nicht geben, ich weiß das, ich komme da wech —, mittlerweile ist der bis tief hinein in die Knobelbecher ehrliche Sänger allerdings von dort wieder entwichen. Da dringend zu befürchten steht, daß Krawczyk aus alten Repressalien irrtümlich eine Qualität seiner Künste ableiten und lauthals verkünden wird, hier eine Bitte um humanitäre Hilfe an Honecker: Nimm ihn wieder, Erich! Er will es so demonstrativ, und ich will es wirklich.

Hoch die Mauer!

13.8.89: Berlins nützlichstes Bauwerk wird 28 — eine notwendige Gratulation

Die äußeren Vorgänge sind bekannt. Alljährlich am 13. August, eingeladen und herbeigekarrt von der Gerhard Löwenthal-*Gesellschaft für Menschenrechte,* versammeln sich rechte Menschen am Checkpoint Charlie, klettern auf einen Aussichtsturm, zeigen mit dem Finger nach Osten und weinen sich die bzw. den weißen Westen naß. Auch am 13. August 1989, als die Sonntagsreden passenderweise an einem Sonntag gehalten wurden, kulminierte das turnusmäßig abgesonderte Gezeter von Berufsvertriebenen, dissidierten Dichtern, Jungunionisten aller Parteien, Ostfront- und Jubelberlinern, von Alt- und Neo-Nationalisten in diesem Wutgeheule: „Hier schießen Deutsche auf Deutsche!"

Die ostentative Empörung dieses Satzes richtet sich dabei keineswegs gegen das „Schießen" als solches, sondern allein gegen die ethnische Verwandtschaft von Subjekt und Objekt: „Deutsche auf Deutsche!" und meint: anstatt gemeinsam, wie oft und gründlich eingeübt, mit (wieder)vereinten Kräften auf den schäbigen Rest der Welt, auf Russen, Polen, Tschechen, Briten, Franzosen, Türken und und und.

Nein, wenn überhaupt geschossen werden muß, dann *auf* Deutsche, bzw. wenn *von* einem Deutschen noch jemals geschossen werden darf, dann nur auf seinesgleichen. In der *Nationalen Frage,* diesem Kalten-Krieger-Kaffee, der immer wieder und derzeit wieder einmal verstärkt aufgeheizt wird, in der *Deutschen Frage* gibt es zum umgekehren Rassismus keine Alternative: Lieber möge sich „das deutsche Volk" in seiner Gesamtheit von dieser Erde herunterbefördern, als daß auch nur noch ein Angehöriger einer anderen Nation von einem Deutschen um sein Leben gebracht wird; lieber jeden Tag Schüsse an der deutsch-deutschen Grenze als noch ein wg.

Ladendiebstahls erwürgter Asylbewerber in Schwaben oder noch ein *einfach so* erstochener Türke in Westberlin.

Die Deutschen, also die, die sich sog. *Stolz* einbilden, *Deutsche* zu sein, gehören in Schach gehalten, notfalls mit Mauer und Stacheldraht. Läßt man sie von der Leine, tritt immer wieder dasselbe zutage: der Restverstand in den Grenzen von 1937. Der von Weizsäcker salonfähig gemachte Nationalismus wird dankbar aufgenommen auch von sich *links* empfindenden Menschen, die mal verklausuliert, mal offen *nationale Selbstbestimmung* fordern, von einem Paneuropäismus unter deutscher Führung träumen und ihre Expansionsgelüste bis zur letzten Ural-Tankstelle auf der Reichsautobahn schweifen lassen.

Es gibt wenig Abstoßenderes als die Vorstellung einer *Wiedervereinigung:* noch mehr Deutsche, und alle auf einem Haufen. „Am Chauvinismus ist nicht so sehr die Abneigung gegen die fremden Nationen als die Liebe zur eigenen unsympathisch", schreibt Karl Kraus; man kann Franzosen, Italiener, Briten, ja sogar Deutsche schätzen (ich habe nichts gegen Deutsche — einige meiner besten Freunde sind Deutsche), aber ein „Volk", ein „Volksganzes", einen „Volkskörper" niemals. Die Vierteilung Deutschlands 1945 war ein Schritt in die richtige Richtung; er hätte konsequent fortgeführt werden sollen statt schrittweise zurückgenommen.

Die Mauer behütet nicht nur die Welt davor, an einem ungebremsten deutschen Wesen zu verwesen, sie schützt auch Honeckers Cordhütchen-Sozialismus vor dem Kneifzangengriff des Kapitals, und umgekehrt bewahrt sie die BRD und Westberlin vor Horden naturtrüber, säuerlich sächselnder DDRler mit Hang zu Billig-Antikommunismus und REP-Wählen — dergleichen gibt es hier schon im Übermaß. Mögen andere Nationen um nichts besser sein — diese ist die unsere; es gilt, zuallererst die eigene Vaterländerei zu hassen und zu verachten. Hierbei ist die Mauer wenn nicht edel, so doch hilfreich und gut.

47 Tage vor ihrem Bau bin ich geboren, und gerne möchte ich mit ihr alt werden. Halten wir die Mauer hoch — sie kann gar nicht hoch genug sein.

DIE UNÄHNLICHEN KINDER VON SADDAM HUSSEIN.

Die Erde wird rot — oder doof wie das Brot?
Nachruf auf Wolf Biermann

Schreiben konnte er nicht für zehn Pfennig, mit dem Singen ging es auch nicht gut, und in einem Gitarrenkurs nach Bursch Part eins hätte er noch eine Menge lernen können. Seine geistige und künstlerische Beschränktheit aber war Wolf Biermann nie ein Hindernis, paarte sie sich doch günstig mit derber Bauernschläue und einer extrem feinen Witterung für das, was geht, was läuft, was gefragt ist, was die Leut' so mögen und was die Mark bringt. Gern warf der Mann, dessen Schnäuzer das Robbensterben vergessen ließ, sich in Brecht'sche oder Villon'sche Posen vom Wilden Mann, der nicht 'Frau', sondern 'Weib!' sagt bzw. röhrt, und seine in Versform gezwängten Samenkoller wurden gern als „Vitalität", „Sinnlichkeit" u.ä. Schwindel mißverstanden in den Feuilletonstuben, in denen altgewordene Oberschüler blöden Machismo chronisch mit Männlichkeit verwechseln, weil sie, woher auch, den Unterschied nicht kennen.

Nicht nur als Poseur, auch als Trittbrettfahrer zeigte Biermann Talent, hängte sich klebrig an Wolfgang Neuss wie an Robert Havemann, wohl wissend, daß etwas von ihrer Substanz auf ihn herunterkrümeln würde.

Politisch stand Biermann in der Nähe jeder Fernsehkamera. Ob er in *Aspekte* den Jaulbarden aus der Brunftzunft machte oder den Fetten in *Dingsda* gab, ihm war — dem Schleimigen ist alles Schleim — nichts zu doof noch zu dumpf, wenn er nur, darin Norbert Blüm sehr ähnlich, in Sieht-mich-auch-jeder?- und Seid-Ihr-alle-da?-Manier den TV-Kasten mit sich vollmachen konnte. Klein, feist und speckig saß er dann sehr glücklich da, der wichtigste Kerl der Welt, rollte die Äuglein, ruderte mit den Armen und hoffte, Biermann auf Sendung, das werde niemals enden. Wollte ihm beim besten Anbiederwillen nichts mehr einfallen, zog Kaschperl Biermann stets seinen toten Vater aus dem Hut, der „als Kommunist von den Nazis erschlagen", manchmal, wenn die Nummer mit den Nazis nicht so zog, aber auch „von Honecker jeden Tag nochmal totgeschlagen" oder sogar „von Saddam Hussein zum zweiten Mal vergast" wurde, wie Biermann in der *Zeit*, seiner damals bevorzugten Gedankenmülldeponie, daherrhabarberte.

Seinen letzten großen Auftritt hatte Biermann während des Golfkriegs: Als habe er geahnt, daß man ihm den Büchner-Preis verleihen wollte, schrie er lauthals „Friede den Hütten! Krieg den Palästinensern!" und reihte sich perfekt ein in die Phalanx der ranzigen alten Männer (Broder, Enzensberger, Pohrt u.ä.), die so gerne ihre ganz persönliche Patriot-Rakete in juveniles Fleisch und Blut versenken wollten, aus verwirrten 14jährigen Faschisten machten und mit hochgradig gedankenfreiem „Krieg Geil!"-Gebrüll die Selbstentleibung der deutschen Intelligenz vollzogen. (Von letzterer ist Biermann allerdings ausgenommen, dazu reicht es, bei aller Machealles-mit-Gesinnung, denn doch nicht, kopfmäßig.)

Der Fronteinsatz hat sich ausgezahlt: Wer so unbequem ist, im Gewand des Kritikers zu sagen, was eh alle hören wollen, der geht nicht leer aus, da sei der Betrieb vor.

Ob er immer so war, der Biermann? Oder ob seine Ausbürgerung aus der DDR erst den öligen Medienclown, das Gleit- wie Brechmittel aus ihm gemacht hat? Schon möglich, aber völlig egal. Biermann war, der er war, und jetzt ist er hin. Und ruht. Und schweigt. Und so soll es sein.

Enzensberger bzw. Wer, wenn nicht Er?

Wer zweifelt so smart durchs Abendland?
So lyrisch, so chic, so sehr richtig?
So kosmopolitisch-schwerelegant?
So Herr-Lehrer-ich-weiß-was!-gewichtig?

Wer geht schön schlau seinen Bildungsweg?
Spielt Avantgarde auf der Mitte der Straße?
Wer sitzt in der Anderen Leihbibliothek
Als Buddha des Trends an der Kasse?

Wer surft freizeitanimationsgerecht
— Aber kritisch! — über doppelten Boden?
Schlägt als transatlantischer Mehrzweck-Brecht
Den Schaum der jeweiligen Moden?

Wer verteidigt schneidig Wolf gegen Lamm?
(Der Wolf heißt Hans Magnus, das Lamm heißt Saddam.)

Na? Wer?
Wenn nicht Er:

Der Lackaffe ist es, er deckt den Bedarf.
Ist er auf das Bundesverdienstkreuz scharf?

Der Heimgang des Alfred Herrhausen

Eine Bagatelle

Unter dem „persönlichen Schutz" eines Generalbundesanwalts möchte man lieber nicht stehen: „Heute ist es eine ernste Sendung, weil etwas Trauriges passiert ist", eröffnet eine „Barbara" am 30.11.89 die ZDF-Kindersendung *logo*. „Alfred Herrhausen ist ermordet worden (...) Wahrscheinlich von der RAF", fährt die gleichermaßen auf schwerernst wie auf dufte und gesellig getrimmte Tante Mutante fort; „die RAF, das sind Terroristen." Der Aufruf an alle „Deutschen", sich am Nationalen Tränenbottich zur „Gemeinsamkeit der Demokraten" einzufinden, schließt auch Kinderkrippen ein. Heulen im Rudel ist allererste Bürgerpflicht; kaum ist die Nachricht von der dauerhaften Entfernung A. Herrhausens aus dem „öffentlichen Erlebnisraum" (V. Hassemer) verkündet, wird unaufgefordert Megaphrase auf Megaphrase getürmt: „Abscheu", „Wut", „Trauer", „Wut und Trauer", „Entsetzen", „lähmendes Entsetzen", „Bestürzung", „tiefe Bestürzung" und selbstverständlich „Betroffenheit" in allen Preislagen. Die Bielefelder Pastorin A. Vollmer plakatiert sich mit einer „finsteren und traurigen Ratlosigkeit", und selbst DER WAIGEL senkt seine dauererigierten Brauen auf Halbmast.

„Trauerarbeit" (M. Mitscherlich) allein aber macht noch nicht frei; auch der Geifer will entsorgt sein, die Attentäter müssen als Untermenschen klassifiziert werden. Sie sind — von Natur aus wahrscheinlich — „krank", „brutal", „teuflisch", „kaltblütig", „heimtückisch" und immer wieder „feige" und „hinterhältig". Ja wie? Soll denn der seine Tätigkeit ernst nehmende und seinen Beruf liebende Terrorist seinen Anschlagsplan vorab an die große Glocke hängen — „Übrigens, Herr Herrhausen, Ihre Sprengung erfolgt in wenigen Minuten"? Auch der stets mit bebender Stimme erhobene Vorwurf, die Tat sei „eiskalt geplant" worden, macht keinen Sinn — soll ein Vollprofi wie der Chef der Deutschen Bank vielleicht von stümperhaften Hobbyanarchisten aus dem Leben befördert werden?

Beim staatsbürgerlichen Jasagen und Mitlaufen tut sich, wie schon im Fall der Geiseldramatiker von Gladbeck, Sabine Christiansen von den *ARD-Tagesthemen* besonders eifrig hervor. Die halbalphabetischen Bemühungen der *NDR*-Turbokarrieristin, sich mit per Knopfdruck abgerufenen, austauschbaren sog. „Empfindungen" — hier: „Entsetzen und Wut" — per Television an die Spitze des Volkszorns zu setzen, sind stark pornographieverdächtig. In der *tageszeitung* jammert am 1.12.89 ein Max Thomas Mehr darüber, daß ihm keiner das Attentat erklärt: „Ein leeres Din-A-5-Blatt mit einem Kommando-Namen, einem abgebildeten RAF-Stern samt Kalaschnikow. Das ist die Symbolik dieses Mordanschlags. Terrorismus ohne Worte! Links-Terrorismus? Rechts-Terrorismus? Was bleibt angesichts dieser Sprachlosigkeit der Täter?", und noch viele viele Zeilen währt Mehrs Zweikampf mit der deutschen Sprache, aus dem er wie immer als K.O.-Verlierer hervorgeht.

Auch *Bild* fragt am selben Tag scheinheilig „Warum?", obwohl doch H. Kohl, „Freund und Kamerad" des „Heimgegangenen" (Kohl), bereits am Tag zuvor einen von vielen möglichen guten Gründen genannt hatte: „Er war ein deutscher Patriot." Und ein glühender dazu.

Während H.J. Vogel noch von Herrhausens „Engagement zugunsten der Dritten Welt" psalmodiert — der Bankier hatte in der Tat Trikontländern, um die Profite seiner Unternehmen langfristig zu sichern, teilweise Schuldenerlaß anbieten wollen, damit die Anti-IWF-Front aufgeknackt und sich zum Liebling reformistischer Kräfte gemacht —, zeigt *Bild* schon am 2.12. Flagge und gesundes Volksempfinden. „Gesucht: Die *Ratte*" gibt das Blatt einen großabgebildeten Tatverdächtigen zur Ungeziefervernichtung frei. Kopfgelder in Millionenhöhe werden ausgesetzt, um ein Volk von Denunzianten auf Trab zu bringen. Die wieder- und wiedergekäute Behauptung, Herrhausen sei „einer von uns“, „einer wie wir alle“ gewesen, wird auch durch endloses Repetieren nicht weniger unsinnig: Nein, wenn einer keiner „wie alle anderen“ war, dann eben Herrhausen, dessen Ableben einem durchaus angenehm gleichgültig sein kann — ich jedenfalls hebe mir mein Mitgefühl für diejenigen auf, die mir näher stehen.

Wo warst Du, Nero —

und vor allem: Wo waren Deine hungrigen Löwen, als Ende Mai 1990 die Katholiken in Berlin einfielen und in vielfacher Divisionsstärke durch die Rabatten trampelten? Als sie tagelang ungebeten wehrlose Ungläubige anfrömmelten und selig-duselig in sich hinein- und in die Welt hinausstrahlten?

Als, bunt wie die kleine Welt von Benetton, mit Brotschuh und Sandale am Fuß, dem lila Dreieckstuch um den Hals und dem meist glockenrockumwogten Der-reicht-auch-für-zwei-Hintern, ihre Frauen mit sakralem Singsang den weniger abergläubischen Bewohnern dieser Erde einen Vorgeschmack der Hölle zelebrierten?

Als die „kritischen“ unter ihnen Kabarett aufführten und Kolping-Opern verbrachen, als Gruppen, die „Ein Stück weit“ oder „Steine weinen“ heißen, unschuldige Instrumente folterten?

Als hinter dem tausendfachen Christenlächeln der faulige Mundgeruch der Inquisition wehte, ausgeatmet von vertrocknet-greisen Käppchenträgern, die grienend „den Fall der Mauern und den Sturz gefährlicher Götzenbilder“ bejubelten, mit „geistiger Einkehr“, „Besinnung“, „Nachdenklichkeit“ und „Freude“ drohten und aller Welt den „ethischen Lebensvollzug“ (wahrscheinlich in der Lebensvollzugsanstalt?) nahelegten?

Wo warst Du, Nero, mit Deinen netten wilden Tieren, als die Rucksäcke des Herrn, die Ein-Mann-Gummizellen marschierten, als kein Schäfchen ungeschoren und kein Fötus ungeboren blieb?

Ich habe Dich und Deine vierbeinigen Freunde sehr vermißt.

Wenigstens ein paar Uniformträger hättest Du mit Weihwasserwerfern und gezücktem Opferstock vorbeischicken können.

Ziemlich enttäuscht: Dein Wiglaf
(nach Diktat seliggesprochen)

Connie gibt jetzt Workshops in Bauchtanz für Kinder
oder: Gibt es Hannover wirklich?

Was kennt der Nichthannoveraner von Hannover? Stümperfußball und mieseste Musik. Ein Gutteil der auf Tonträger gepreßten Unmusikalität dieses Landes geht auf das Konto der sozialdemokratischen Grüngrauwüste bzw. auf die Baseballkappen einiger ihrer Bewohner. Die *Scorpions* und ihre Adepten, *Victory,* zwei Kapellen, deren Mitglieder Köpfe nur tragen, weil sie die ondulierte Matte, säße sie direkt auf dem Halse, nicht halb so unangenehm herumzuschütteln vermöchten, lärmen von hier aus in die Welt hinein bzw. hinaus. Würde es ein Federballschläger oder die gute alte Air-Guitar für solche Kameraden nicht auch tun?

Ebenfalls aus Hannover stammen die *Abstürzenden Brieftauben,* die täglich die Gelegenheit versäumen, ihren abgekauten *Fun Punk* auf den Müll zu schmeißen, und die stattdessen bei der Fa. *West* anheuerten, um der einen *Stage Diving Contest* auszurichten, Hauptgewinn: ein Jahr freier Eintritt zu den Konzerten von, Überraschung!, den *Abstürzenden Brieftauben;* ach, wer da mit*diven* könnte. Der Vater einer der beiden gurrenden Vögel, Herr Dietrich Kittner, betreibt seit Jahren sein *Theater an der Bult,* gibt seinen Programmen Gruselnamen wie *Vorsicht, bissiger Mund* und findet Deutschland aus dem originellen Grund faschistisch, daß er sein Schulterklopf- und Gesinnungsabgreifkabarett nicht auch noch subventioniert bekommt.

Mehr weiß ich nicht über Hannover, aber reicht das nicht auch? — Auf gar keinen Fall! Kerstin, die aus Großburgwedel stammt, in Linden wohnt und im *M.A.D.* Bier verkauft, einem Laden, der bevorzugt von jungen Männern mit Hang zur Kotelette möglichst bis zur Brustwarze hinab und augenringschwarzer Kleidung frequentiert wird, hat total viel zu erzählen: „Hier ist total viel passiert. Gabor, mit dem hatte ich mal ein Techtelmechtel, also Gabor und Yasmin haben geheiratet. Und Kerstin — eine andere Kerstin, klar — haben sie beim Klauen von Unterwäche erwischt, und die ist schon älter, und das ist natürlich blöd. Karl ist nach Fehmarn gezogen, weil die Frauen ihn nicht verstehen, er hat immer nur Caroline geliebt, aber Caroline ist lesbisch geworden und will von ihm nichts mehr wissen, und da ist er mit Torsten, ausgerechnet mit dem, dem Lindener Supermann, den finden alle Frauen toll, aber der ist total doof, ausgerechnet mit Torsten ist Karl nach Fehmarn gezogen, und Andrea hat im breiten Kopf einen Mezcal-Wurm gegessen, aber es ist ihr nichts passiert."

Kerstin wohnt in der Limmerstraße in Linden, „das ist hier unser kleines Kreuzberg", erzählt einem unaufgefordert wirklich jeder, im Vorderhaus liegt eine Öko-Bäckerei, auf der Treppe riecht es nach Getreide, ein Geruch, der einen immer an übellaunige, rechthaberische Frauen und an ausweichende, schlappe Männer denken läßt.

Kerstin war gerade bei Lisa, die ich auch nicht kenne, und hat reichlich Hechelstoff mitgebracht: „Connie gibt jetzt Workshops in Bauchtanz für Kinder, die wohnt mit ihren zwei Typen zusammen und ist eigentlich ganz fit, ja und Lisa ist echt nicht mehr zu helfen, die war verheiratet mit so'm Typ aus Sri Lanka, der hat sie immer verdroschen, und jetzt fährt sie nach Tunesien in Urlaub und macht schon wieder sowas, und der Typ meldet sich ein Jahr nicht und sie fährt trotzdem wieder dahin, und gestern auf der Party meinte sie dann echt noch, 'nen Bauchtanz vorführen zu müssen, grausam sowas, und Sibylle geht jetzt auf'en Strich, die will ja eigentlich lieber 'n Mann sein und deshalb kann sie das auch einfach so, da merkt die gar nichts von, bewundernswert, und auf Parties gehen Andrea, Caroline und Sibylle immer zu dritt ins Bett und kucken Fernsehn. Und Andreas und Heike sind seit sieben Jahren zusammen, und Heike hat 'n Kind gekriegt, und da hat Andreas sie verlassen, er wollte das Kind nicht haben und Heike war total fertig und nach drei Monaten kommt er wieder an und will das Kind doch, der hat total den Sockenschuß, und jetzt will er ihr auch noch die Erziehungsberechtigung wegnehmen, es gibt soviel bescheuerte Kerle hier!" regt sich Kerstin auf; ich nicke vorsichtshalber sehr verstehend, nur nicht widersprechen jetzt, das will und das muß heraus, und da ich von all diesen Menschen nichts weiß, außer daß es sie überall gibt, belastet mich das nicht weiter, sondern komplettiert nur mein Hannover- und Weltbild.

„Du weißt ja, wie das ist", sagt Kerstin, klar, ich weiß, wie es ist, und weiter geht's: „Meine Schwester hat sich selbständig gemacht und kriegt jetzt auch 'n Kind, gah!, und mein Bruder, ich red ja nicht mehr mit dem, der hat sich doch jetzt tatsächlich sein ganzes Haus in Waschbeton machen lassen, Treppe, Mülleimer, Blumenkübel, alles Waschbeton, der könnte 'nen neuen Job kriegen, mit Firmenwagen, aber er weiß nicht, ob es sich lohnt, sich für so'n Auto beruflich zu verändern, im Dezember war Einweihungsparty von seinem Haus, nur schreckliche Leute, genau wie bei seiner Hochzeit mit Martina im Haus Rheinblick in Düsseldorf, und bei ihm sieht's aus wie zuhause in Großburgwedel, und der erzählt das auch noch, ach, und Doris hat sich für tausendzweihundert Mark Zöpfe anschweißen lassen, und Thilo steht auf Reggae und hat gerade 'ne Lebensversicherung abgeschlossen, und Gromski, das ist 'ne Freundin von Mark und Babsi, also Gromski ist jetzt mit Prick zusammen, dem Sänger von den Gay City Rollers, und der ist total fett und doof, manchmal frage ich mich, ob es hier überhaupt noch normale Leute gibt."

Ich frage mich schon länger lieber gar nichts mehr und stapfe statttdessen stadteinwärts, *Downtown* Hannover.

Am Kröpcketurm stehen verhärmte und verhuschte Gestalten mit Gitarre und Gebetbuch vorm Bauch, „nur mit Goooott werden wir Sieger sein" jodeln sie mit dem verbissenen Frohsinn juveniler Zwangsoptimisten, „bleiben Sie stehen, nehmen Sie sich einfach Zeit, wir möchten mit Ihnen ins Gespräch kommen", lautet der ebenso unsittliche wie unappetitliche Standardantrag an die Mitmenschheit, aber ich habe meine schnellen Schuhe an und entkomme knapp und gerade noch rechtzeitig, um Herrn zur Nedden abzufangen, der mich ein wenig durch Hannover geleiten möchte.

Im *Gospel House* gleich ums Eck treffen sich junge, mittelreiche Lackaffen mit jungen, mittelreichen Schnatzen, um sich, wie man sagt, „kennenzulernen", d.h. später einmal junge, mittelreiche Kinder zu haben. Da geht man doch lieber etwas in den Grünanlagen flanieren, wo, Fußangeln gleich, Bildende Kunst in Hülle und Fülle herumliegt und die Wege sanft sind und geschwungen, sauber, gepflegt und geharkt, und wie man so stromert und strolcht, kommt einem eine ca. 35jährige Frau entgegen, umrahmt von einem hinfälligen alten Elternpärchen, und plötzlich, anfallartig, weiß man alles über diese drei Menschen, ausgebreitet liegen die Biographien: Nachkriegsjahre, schwere, schlechte Zeit, ein kleines Kaff auf dem platten Land, hart schuften die Eltern und zeugen nach Jahren der Entbehrung ein winziges Kind; einmal besser haben soll es die einzige Tochter und die Höhere Schule besuchen. Nach fleißig bestandenem Abitur zieht sie in die große Stadt Hannover, um das Lehramts-

Schreckliche Vorstellung.

wesen oder auch etwas Medizinisch-Technisches oder Psychosoziales zu erlernen, und sie macht ihren Weg im Beruf, oh ja, und Briefe schreibt sie nach Hause randvoll Dankbarkeit und Gewissen, und auch einen Mann gibt es in ihrem Leben, aber noch ist nicht alles perfekt und sie weiß nicht: Ist es der Richtige?, und langsam wird es Zeit, sich zu überlegen, will sie doch noch ein Kind, und dann kommen die leergeschufteten, entsafteten Eltern zu Besuch in ihre kleine, saubere, gepflegte und nett eingerichtete Wohnung, und sie führt sie aus zum Essen und anschließend in den Park, all das weiß man mit einem Mal felsenfest, und schaudernd beschleunigt man seinen Schritt und landet, den Alp noch im Rücken, im Café *Rolling Stones*. Hier sitzen keine kleinen, tapferen Frauen bei Tee, Kerze und Katze; hier drückt sich der hiesige Heroinist herum, hält den Affen mit Billard und *Beck's*-bier in Schach und schiebt sich einen Würfel Zucker nach dem anderen in die braunschwarz zerlöcherte Mundhöhle. Eine Spinne seilt sich vom Lampenschirm ab, der gedunsene Kellner beantwortet die Frage nach einem Weizenbier zwar zunächst positiv, schränkt dann jedoch ein: „Ist aber warm, habe ich eben erst in den Kühlschrank gepackt." Die Order für ein einfaches Glas Bier wird dagegen einwandfrei und anstandslos akzeptiert, der Wunsch nach einem von der Speisekarte versprochenen „Fladenbrot mit Käse und Lauch" — was es alles gibt! — allerdings wieder abschlägig beschieden: „Ich bin noch nicht zum Einkaufen gekommen. Aber Chili kann ich dir anbieten." — Hmmh! Chili con carne! Der 68er-Solidaritäts-Brei! Jeder Löffel ein Hieb in die Visage der Unterdrücker, ein Händedruck mit dem Baumwollpflücker, ein Geschmack wie von Che Guevara — mindestens genauso tot und muffig jedenfalls, und in den Kaschemmen der Übriggebliebenen steht immer noch ein Pott von damals, Chili, yeah!, und natürlich nehme ich eine Portion, gut abgehangen, wie lange gibt es diese Kneipe schon? Ermuntert von der geglückten Bestellung wird man leichtsinnig; ob man mal telefonieren...? — „Nein, tut mir leid“, zuckt der Kellner die Achseln, „das ist kaputt“, man hätte es wissen müssen, und so ist auch die fünf Minuten später überbrachte Botschaft, „Ist mir jetzt ziemlich unangenehm, aber Chili ist auch keins mehr da", nicht weiter tragisch, irgendwie reifer und abgeklärter geworden, verläßt man das Lokal und weiß, daß man es niemals vergessen und niemals wieder betreten wird.

Auf solide, gediegene und überraschungsfreie Bewirtung hoffend, kehrt man bei einem nahegelegenen Spanier ein, doch kaum, daß man sich niedergelassen hat, betritt eine Frau in weißem Kleid, einen Blümchenkranz ums dicke blonde Haar gewickelt, die Gastwirtschaft, stellt ein kleines Blumentöpfchen inclusive einer *Humustablette* auf den Tisch, legt ein Tütchen Petersiliesamen dazu und spricht: „Guten Abend, ich bin die *Underberg*-Kräuterfee und verteile heute kleine Präsente an die Gäste.“ Oha.

„Hackethal = Naziarzt“ und „Hackethal = Mörder“ hat jemand an eine Wand gesprüht, gleich zweimal hat ein ebenso anonymer Kontrahent durch ein eingefügtes „kein“ seinen Widerspruch formuliert; „das ist diskursive Kommunikation im öffentlichen Erlebnisraum, wie sie einer Metropole gut zu Gesicht steht“, lobe ich die unbekannten Sprayer, aber davon will der Hannoveraner, das erfahre ich an diesem Abend sehr eindringlich, gar nichts wissen, weil er sich schämt, in Hannover herumzuvegetieren, statt die Metropolen mit sich zu bevölkern und schwer stolz darauf zu sein, alle paar Monate nochmal hochnäsig vorbeizukucken bei den Schwachmaten, die hier immer noch hängen, und den Namen seiner neuen Heimat andächtig zu raunen und dabei mit der Zunge zu schnalzen, „Hamburg, Alter“, „ich sach dir, Berlin isses“, oder, in Gedanken schon eine lange lange Straße Koks hinabgleitend, wie fellationiert „New York“ zu röcheln — als gehe der ja durchaus dubiose Charakter dieser Städte durch bloßen Zuzug automatisch auf den Neuankömmling über, als sei es per se bereits etwas Anbetungswürdiges, in der einen Stadt zu wohnen statt in irgendeiner anderen, als habe man sich durch einen simplen Umzug die Bewunderung seiner Mitmenschen als einklagbares Grundrecht erworben — so vieles könnte man einwenden gegen die aufgepumpte Metropolen-Schwindelei, aber der dagebliebene Hannoveraner senkt stumm das Haupt und fühlt sich mickrig.

Im gerade frisch wiedereröffneten Kulturpalast *Pavillon*, meiner letzten Station, blättere ich mürb in Zeitungen herum und nehme mir noch fest vor, am nächsten Tag keineswegs die Gruppenberatung der Verbraucherzentrale in der Herrenstraße zu versäumen, die mich in der mich seit Jahren schon quälenden Frage *Neue Waschmaschine, aber welche?* ab 17 Uhr sicherlich ein entscheidendes Stück weiterbringen wird. Aber dann steht da eine mir ganz und gar fremde Frau, Ulrike, 27, Textildesignerin, wird sie später sagen, und fragt mich: „Wie wird man glücklich?", und ich schwanke auf die Straße hinaus, *ssst* und *brummm* sausen die Autos vorbei, und ich weiß ganz fest, was ich die ganze Zeit schon ahnte: Hannover gibt es wirklich, es ist der Mittelpunkt der Welt, ganz bestimmt.

P.S.: „Die ideale Stadt zum Durchfahren", könnte ein treffender Hannover-Slogan lauten, aber da sei *BILD* vor: „Wenn es Nacht wird in Hannover — Serie über diese Stadt, die nie schläft", plakatiert das Blatt, und die Hannoveraner Verkehrsbetriebe biegen's dem Bürger so bei: „Das Angebot ist wirklich stark / Famlienausflug für 10 Mark / Denn am Wochenend juchhei / fahren 4 Personen frei".

Der Hannoveraner wird artgerecht gehalten, tiptop, einwandfrei, nichts zu maulen.

Lachen in Leipzig

An sich ist er ja eher naturtrüb, der deutsche Ostler, jammerig und unlustig und jault gern wehleidig herum, wie er doch so gräßlich „belogen und betrogen!“ wurde, und das gleich zweimal hintereinander, und anstatt dieses Vollindiz seiner Dummheit mit Stillschweigen zu bedekken, hängt er's an die große Glocke und wird, statt ausgelacht, auch noch bedauert. Beleidigt und bitter steht er, ein übellauniger Vorgartenzwerg, im Land herum, und wenn er sich dazu einen dicken Fusselbart ins Gesicht hängt und tüchtig an Gott glaubt, wird er Minister für die SPD. Schwerblütigkeit ist Trumpf, gerade in Leipzig, der Maulheldenstadt, wo auch noch das Naziwesen grassiert und man problemlos die letzten Abenteuer der Zivilisation bestehen kann, indem man sich als Gefahrensucher betätigt: Einfach irgendwie polnisch wirkend radebrechen, sich dem Bahnhof nähern und z.B. „Wo isse deutsche Frau? Isse gutt. Isse blond!“ krakeelen oder, eine Zigarettenschachtel in der Hand, „Ein Makk! Ein Makk!“ anbieten, oder, gänzlich tollkühn, „Chütchespille! Chütchespille!“ feilhalten, und dann: Lauf um Dein Leben, Charlie Brown. Eine andere Variante — auch Nazis erfreuen sich, wie alle Dummköpfe, an brutzelnder Sommerhitze und werfen einen Gutteil ihrer Kleider von sich —: Mit dem Finger auf die Glatzen zeigen und ihnen diesen Zweizeiler widmen: Ihr habt so viele Sommersprossen / wie Hitlerdeutschland Volksgenossen. — Und wieder flink die Biege machen.

Bei dieser Grundstimmung von trantütig bis gemeingefährlich kann man es eigentlich nur begrüßen, wenn ein paar Aktivisten die Initiative ergreifen und dem Jammertal kräftiges Gelächter entgegenhauen wollen. Aber gleich organisiertes Lachen auf einer sog. *Lachmesse* — ist das nicht wieder der alte, muffige Ostlerstiefel? Muß es wirklich das *1. Europäische Humor- und Satire-Festival Leipzig* sein, das sich auch noch so anbiedert: „Künstlerinnen und Künstler aus 11 Ländern kommen nach Leipzig — für Mut, Optimismus und Zuversicht im zusammenwachsenden Europa“? Ist derlei Schleim nötig? Und fördert es denn die beschworene „Zuversicht“, wenn vom 28. Juni bis zum 14. Juli 1991 Kabaretttruppen auftreten, die *academixer, Pfeffermühle, Leipziger Funzel, Die Kugelblitze, Die Herkuleskeule* oder *Die Kiebitzensteiner* heißen, oder wenn der aus der "Partnerstadt" Hannover angereiste Kabarettist D. Kittner ein Programm namens *Das Ei des Kohlumbus* aufsagt? Es einen *Klub Zitrone* gibt, in dem natürlich *Die Distel* gastiert, immer schön nach dem Kabarett-Grundsatz: Ist das Hirn zu kurz gekommen / wird sehr gern Moral genommen? Und was soll dabei ein *Titanic*-Abend, bei dem die lt. Programmheft „schärfsten Satiriker des endgültigen Satiremagazins“, die Herren Max Goldt, Christian Schmidt, Michael Stein und ich lesen und dabei auch noch von der *Losen Skiffle Gemeinschaft Leipzig* begleitet werden sollen — das Programmheft sprach von „aufspielen“?

Dies war der Inhalt meines Kopfes, als ich mich am Morgen des 5. Juli auf den Weg nach Leipzig machte. Das wird böse enden, dessen war ich ganz gewiß, und ich sah unser Quartett schon von Ost-Skifflern halbtot gedudelt, von mürrischen Sachsen ausgebuht, in schäbigen Verschlägen untergebracht und am nächsten Tag von den lokalen Nazis aus der Stadt geprügelt. Mein einziger Trost war ein schwacher: Daß ja Satiriker, die nach Kabarettisten und Wohnungsmaklern verabscheuungswürdigste Berufsgruppe, es gar nicht besser verdient hätten. Nur: Herr Goldt, Herr Stein und ich sind keine Satiriker, darauf legen wir Wert, und daß der aus der Frankfurter Dünkelkammer *Titanic* angereiste Christian Schmidt alles allein ausbaden sollte, das wäre nicht gerecht, denn er ist ein guter Kerl und hat früher in der Liga gegen den Imperialismus bzw. Impressionismus tapfer für Menschenrechte und alles gekämpft.

Und dann kam es ganz anders. Nicht ein Skinhead am Bahnhof — na gut, werden sie wohl alle in Dresden sein und „Hauptstadt der Bewegung“ spielen. Auch keine nörgelnden, miesepetrigen Gestalten in der Stadt, die zudem irgendwie italienisches Flair abstrahlte. Hmmh. Grummel. Drucks. War das noch mein Osten? Alles freundlich und angenehm normal, kein Gegreine und Gejabbel, kein Haß auf Wessis, auch kein Minderwertigkeitskomplex, neugierige, interessierte, dabei selbstbewußt auftretende und keineswegs servile oder doof-patzige Leute, und über allem der Eindruck großer Entspanntheit. Eigenartig. Immerhin, die Kabarettisten waren ordentlich unsympathisch, kritische Opportunisten, die ihr Schläfchen ins Trockene bringen wollen, von Berufs wegen zu allem und jedem mit einer tollklasse sog. „Meinung“ ausgerüstet. In einer *Pfeffermüllers Streugut* betitelten *Auslese aus 35 Jahren Leipziger Pfeffermühle* fand sich u.a. dieses Stück DDR-Biedermeier vom 22.11.1989: „Nun sind wir Schritt um Schritt vorangekommen / denn vorwärts muß es geh'n, um jeden Preis. / Und ist die Sicht nach vorne mal verschwommen / da kann's passier'n, wir drehen uns im Kreis.“

Ohjemineh, und gröber als das staatstragende Kabarett schafft es nur noch das Parteiprogramm der PDS, das es fertigbringt, auf dem Rückumschlag in eine Marx-Fotografie eine Armbinde hineinzuretuschieren, auf der, man faßt es nicht bzw. sich nur noch an die Rübe, „KEINE GEWALT“ steht. Daß man, wider besseres Wissen, am 2. Dezember 1990 beim Volkslauf Wählen ausnahms- und blöderweise mitgetan und sein Kreuz auch noch bei dieser *Marxismus Light*-Truppe gemacht hat, dafür möcht man sich doch in den Arsch beißen.

Aber sonst: Nichts zu maulen über Leipzig.

Wie man Bundeswehrbeleidiger und Volksverhetzer, ja sogar Volksvertreter wird, und das alles auf einmal

Eine heitere Berufsberatung

Gibt es etwas Gestorbeneres als die Zeitung von gestern?, geht so ein Schnack unter Journalisten — och, ich kenne da einige und einiges, Sabine zum Beispiel, die ist mit 31 schon sowas von — aber lassen wir das, ein anderes Beispiel, die Zeitung von vor vier Jahren, präzise: *die tageszeitung (taz)* vom 19.10.1987. Da fand sich auf der Fernsehseite unter einem Szenenfoto aus Stanley Kubricks *Full Metal Jacket*, das einen voll getroffenen, fallenden und sterbenden schwarzen GI zeigt, folgende Bildunterschrift:

„Sie nennen es den Frieden sichern, aber ihr Geschäft ist das Totmachen von Menschen. Heute machen sie sich im Nachmittagsprogramm breit: Kameraden der 'Wehrsportgruppe Wörner' auch bekannt als 'Bundeswehr', zeigen, wie sie sind: dumm, stark und wasserdicht. 'Welche Probleme können bei der Berufswahl durch die Einberufung zur Bundeswehr auftreten?' fragt der Werbe-Pressetext für die kriminelle Vereinigung. Vielleicht das Problem, wie man vom Menschen zum Schwein wird. Wenn das für Leute mit einem IQ unter 10 ein Problem ist."

Geschrieben hatte ich diese paar Zeilen zwar, aber damit war meine Beteiligung an der Geschichte auch schon so gut wie gegessen. Einige *taz*-Kollegen, allen voran Vera Gaserow, wegen großer innerer wie äußerer Nähe zu Petra Kelly zeitungsintern „Tränengaserow" genannt, schimpften zwar, Pazifismus und Antimilitarismus seien ja gut und in Ordnung, aber doch bitte nicht so, das müsse seriös und anständig betrieben werden, sonst sei es nichts — eine Auffasssung, die die Gruppe 'Sauberer Journalismus' mit einigen Vertretern der Justiz deckungsgleich teilte, doch davon später.

Zunächst geschah nichts, man ging seiner Arbeit nach und amüsierte sich. Im Dezember 1987 dann druckte das 'Deutschland-Magazin' von Löwenthal — ja, genau der mit dem stets entsicherten Gesicht — den Text nach, nicht aber, ohne im Tonfall des beleidigten Denunzianten den damaligen Verteidigungsminister Wörner aufzufordern, Strafanzeige wg. „Beleidigung der Bundeswehr" und des Verdachts auf „Volksverhetzung" zu stellen. Was prompt geschah.

Ein ganzes Dreivierteljahr später, am 12.10.1988, erkannte das Amtsgericht Tiergarten auf schuldig in beiden Anklagepunkten, verurteilte zu 100 Tagessätzen à 30 DM, und mein Rechtsbeistand, Christian Ströbele, legte Berufung ein. Wiederum ein Dreivierteljahr später, am 8.6.1989, ließ das Landgericht den Vorwurf der „Volksverhetzung" fallen und sah nur noch den Tatbestand der „Bundeswehrbeleidigung" erfüllt; während der Verhandlung hatte sich ein junger Mann namens Seibel als Zeuge vereidigen lassen und erklärt, als ehemaliger Gedienter könne er beschwören, daß die Angehörigen zumindest seiner Pioniereinheit nicht nur von Offizieren und Unteroffizieren ständig und systematisch als „dumm, stark und wasserdicht" bezeichnet worden seien, man ihnen den „IQ eines deutschen Hausschweins" attestiert und ihnen turnusmäßig angedroht habe, man werde sie „zum Schwein machen", sondern daß die Soldaten selbst untereinander schon bald diese Titulierungen übernommen hätten. Womit das anvisierte pädagogische Ziel jeder militärischen Ausbildung, die Zerstörung des Selbstbewußtseins, das Ausmerzen moralischer, ethischer, politischer u.ä. Skrupel, das Brechen des eigenen Willens erreicht wäre.

Sei es, daß der Zeuge Seibel in selbst für Atheisten und Agnostiker sehr bewegender Weise den Schwur in der religiösen Form — „So wahr mir Gott helfe!" — sprach, sei es seine offenkundige Integrität — mit dem „Volksverhetzer" war es erstmal nichts mehr, keine Ämterhäufung, nichts als ein simpler „Bundeswehrbeleidiger“, 30 Tagessätze à 50 DM. Sowohl Verteidigung wie Staatsanwaltschaft legten gegen das Urteil Revision ein; die Verteidigung, weil sie auf Freispruch plädierte, die Staatsanwaltschaft, weil sie zumindest die höhere Strafe aus dem ersten Verfahren verlangte.

Danach passierte nichts mehr, das Leben ging seinen Gang und die Zeit ins Land, längst war ich fort von der *taz* und fast vergessen schien das Handgemenge mit der Justiz, da verwarf das Kammergericht am 6.9.1990 die Revision der Verteidigung und ließ die der Staatsanwaltschaft zu. Neues Spiel, neues Glück, aber es dauerte exakt ein Jahr, bis die Karten neu gemischt wurden: Am 6.9.1991 trat erneut das Landgericht zusammen, um zu einem Urteil zu kommen — immerhin drei Wochen vorher hatte ich eine Ladung zu dieser Veranstaltung bekommen, die als Tatvorwurf „Volksvertretung“ annoncierte — als ob das endlich strafbar wäre, Abgeordneter spielen und sich aufblähen und wichtigmachen den lieben langen Tag. Zwei Wochen später allerdings erreichte mich ein neues Schriftstück, mit dem Zusatz „Die Erstladung war fehlerhaft“ wurde ich jetzt wieder der „Volksverhetzung“ bezichtigt, aber immerhin 14 Tage lang war ich „Volksvertreter“ oder wurde zumindest beschuldigt, einer zu sein.

Am 6.9.1991 um 9.00 Uhr morgens war — typisch Klassenjustiz — von „Volksvertretung“ keine Rede mehr, statt dessen stand die Verhandlung ganz im Zeichen väterlich-pädagogischer Anstrengungen. Der Angeklagte sollte verstanden, aber auch gebessert, wenn nicht sogar „nachgebessert“ werden. Im Zuschauerraum hatte sich passenderweise eine Gruppe ehemaliger DDRler eingefunden, die einen Volkshochschulkurs in Staatskunde, Demokratie, Judikative und alles absolvierte, der Vorsitzende Richter führte sich sehr leger ein und meinte, den Zirkus mit dem dauernden Aufstehen brauche man nicht abzuziehen, freundlich ging es zu, und immer schwang ein Ton leichten Bedauerns mit, daß man sich mit dem alten Kram befassen und ihn zumindest der Form halber ernsthaft verhandeln müsse. Müdigkeit, existentielle Mattigkeit strahlte das Gericht ab, und als ich in einer Verhandlungspause auf einen Kaffee in die Gerichtskantine, einen sog. „Erfrischungsraum" ging, hätte mich beinah tiefstes Mitleid ergriffen: Der Geruch, den ich dort riechen mußte, war schlimmer als der aller *Mitropa*-Speisewagen, in denen ich bislang saß, zusammengenommen, etwas unsagbar Dumpf-Säuerliches, beinah Erbrechenmachendes lag in der Luft, ganz klar, hier war zumindest eine Quelle haarsträubender Justizirrtümer ausgemacht.

Der Oberstaatsanwalt, sonst befaßt mit der Bekämpfung organisierter Kriminalität, wagte einen schönen Vergleich aus dem Bereich des Sports: Es sei eben ganz ähnlich wie beim Fußball, ein hartes Tackling im Kampf um den Ball sei in Ordnung, der gezielte Tritt ans Schienbein sei es nicht, und wenn man auch, aus dem Zusammenhang des inkriminierten Textes herausgenommen, Soldaten des Totmachens beschuldigen, sie sogar Mörder nennen könne — „dumm, stark und wasserdicht" dürfe man nicht sagen, das sei Ehrabschneidung. Erstaunlich, daß der Vorwurf der Dummheit für schlimmer gilt als der, ein Mörder zu sein bzw. noch erstaunlicher, daß jemand nicht begreifen will, daß die Voraussetzung dafür, auf Befehl wildfremde Menschen, die einem nicht das geringste getan haben, zu ermorden, eben systematisch eingetrichterte Dummheit, Verblödung und Verrohung ist.

Ganz anders als Oberstaatsanwalt Fätkinhäuer, der in hechtgrau changierendem Anzug und auf weißen, italienischen Slippers zumindest modisch eine Top-Figur machte, präsentierte sich RA Christian Ströbele im gewohnt unbekümmerten Outfit: ausgelatschte Sandalen, verwaschene Socken, Cordhose, oller Wollpulli, aber darunter natürlich korrekt die weiße Krawatte, und während manche Vertreter der Justiz dicke Perücken aufsetzen müssen, um wenigstens ein bißchen Respektabilität zu simulieren, strahlt dieser Advokat mit seinen Brauen, für die sich die Bürstenindustrie interessieren sollte, und seinem grauen Langhaarschopf quasi Naturwürde aus. Ströbele hielt ein rhetorisch glänzendes Plädoyer für die Freiheit der Kunst, zitierte Tucholsky — „Es gibt in Verdun einen Verbandsraum, wer da nicht als Pazifist herauskommt, der ist ein Schwein" —, und mir wurde richtig warm ums Herz über mich selber, was ich denn für ein guter Mensch wäre. Der Anwalt verwies auf den quasi nebenan stattfindenden Prozeß gegen die sog. „Mauermörder", in dem sich die Angeklagten von deutschen Richtern und Staatsanwälten dasselbe anhören müßten wie die Bundeswehr sich von seinem Mandanten: Daß jeder, der sich zum Töten ausbilden lasse, die eigene Entmenschlichung billigend in Kauf nehme.

Nun, es nützte nichts, auch Ströbele konnte nicht verhindern, daß ich zu meinen vielen Berufen kam wie die Jungfrau ans Kind, „Bundeswehrbeleidigung", zack, „Volksverhetzung", zack, 90 Tagessätze à 30 DM, der Angeklagte trägt die Kosten des Verfahrens.

Natürlich geht es erneut in die Revision, „notfalls bis vors Bundesverfassungsgericht", sagt mein Anwalt, na dann, immer man jöh, auf die nächsten paar Jahre. So einfach ist es, Bundeswehrbeleidiger, Volksverhetzer und nebenbei auch noch ein bißchen Volksvertreter zu werden. Alles, was man braucht, ist ein bißchen Geduld. Den Rest regelt das Gesetz. Und überhaupt: Soldaten sind Marder! Marder! Marder!

Deutsche Sehnsucht (Remix 1990)

S.O.S. — ich habe Sehnsucht
S.O.S. — ich halt's kaum aus
So 'ne Sehnsucht nach *Domestos*
Nach der eisenharten Faust

Denn mein Leben, das ist schmutzig
Meine Seele ist verstopft
Und ich putz mich und es nutzt nicht
Voller Unrat bleibt der Kopf

Die Gedanken dumpf verstrunkelt
Tief in düst're Sinfonien
Schwerblütig gemütsverdunkelt
Schwarzrotgold die Phantasien

Schenk Dich ein, Du Blauer Riese
Aus der Freude kommt die Kraft
Lecker, was Marie-Luise
Dieser dicke Lebenssaft!?

Meine Psyche sollst Du scheuern
Bis sie weiß ist, blitz und blank
Mein Gehirn, das Restgemäuer
Wisch es aus. Denn es ist krank.

Krank. Vor Sehnsucht nach *Domestos*
S.O.S. — ich halt's nicht aus
Krank. Vor Sehnsucht nach *Domestos*
Nach der eisenharten Faust

Papa, Adolf hat gesagt ...
Fa & Antifa und Türken und Deutsche & lauter notorisch gute Menschen

Kreuzberg 36, Görlitzer Bahnhof, Wiener Ecke Skalitzer Straße: *„Keine neuen Progrome!“* steht an die Hauswand gesprüht, *„Progrome“* wie Promille, Pro Familia und Prostata — schöner und schneidiger ist die Dudenfrage selten endgelöst worden.

Dienstag, 17.9.91, *Café Kuckucksei* in der kreuzberger Wrangelstraße. Im Hinterzimmer lesen Klaus Farin und Eberhard Seidel-Pielen aus ihrem Buch *Krieg in den Städten — Jugendgangs in Deutschland.* Der kleine Raum ist gesteckt voll, und, eine Seltenheit bei derartigen Veranstaltungen, die meisten der Anwesenden sind die, um die es zwischen den Buchdeckeln geht: Jugendliche Delinquenten, Straßengang-Mitglieder, türkische Antifas, Redskins, und diverse *SHARP*-Aufnäher (*SHARP* = SkinHeads Against Racial Prejudice) sind auch zu sehen. Kein auf progressiv getünchter Pfaffe wird seine uninteressante Meinung ins Runde reihern, kein talkshowkompatibles Lea Rosh-Geschwätz die Menschheit zum Gähnen rühren, und die verhaßten linken Lehrer und Sozialarbeiter sind auch ferngeblieben, obwohl die sich ein paar herbe Lektionen hätten abholen können, denn Farin und Seidel-Pielen weisen den Jugendexperten von Berufs wegen ein ums andere Mal Ahnungslosigkeit, Borniertheit und hilfloses Versagen nach. Die Weigerung der beiden Journalisten, sich in den Enddarm irgendeiner Klientel hineinzuschreiben bzw. -zulesen, wird im *Kuckucksei* nicht gerade honoriert — gerne hätte man sein heroisiertes Selbstbild bestätigt bekommen, statt auf unangenehme Widersprüche hingewiesen zu werden: „Schwule sind anormale Menschen. Ich hasse so etwas.“ und „Es ist schlecht, wenn zwei Schwule Hand in Hand durch die Straßen laufen und sich vielleicht auch noch abknutschen. Stell dir vor, da kommt eine Mutter mit ihrem kleinen Kind vorbei und sieht das. Wo kommen wir dahin, wenn das jeder macht." werden *Boyraz* und *Ego,* zwei Angehörige der weddinger *Black Panther,* zitiert, und das paßt natürlich nicht so gut ins fromme Bild von den grundsympathischen Verfolgten, die sich heldenhaft gegen „faschistischen, rassistischen und sexistischen Terror", wie das auf Flugblättern gerne heißt, zur Wehr setzen. Schnell ist die Stimmung hitzig, „Schweine!", „Denunzianten!" oder „Vor die Fresse, Keule ey!" ruft es durcheinander; letzteres entbehrt nicht einer gewissen Pikanterie: Klaus Farin wurde Anfang August '91 von drei spandauer Neonazis gezielt angegriffen und krankenhausreif geprügelt — dreifacher Nasenbeinbruch, Brillenglas ins Auge —, die Narben sind gerade heil, aber von solch peinlicher, weil beredter Duplizität will man nichts wissen im kreuzberger Hinterzimmer, wo man unreflektiert den Helden spielen und raushängen lassen kann und mit einer maximalen Denkfaulheit und Selbstgefälligkeit auftritt, die es ermöglicht, in sich selbst den chronisch, ja notorisch guten Menschen zu sehen und jeden, der daran auch nur leisen Zweifel hegt, zum Arsch zu machen. Die alte Kreuzberger Faustkeilregel — „Wer als erster *Fascho!* sagt, hat gewonnen!" — feiert ein *so* nicht mehr für möglich gehaltenes Comeback, und in schon rührend glühender Pose legen Türken und Deutsche Hand in Hand ihr Gratisbekenntnis ab: „Ich bin Antifaschist!!!" dröhnt es — natürlich, sicher, und was bist Du sonst noch? Bzw.: Ist Antifaschismus denn eine Behinderung? Oder, deutsch bis in die Knochen, eine „Identität"? Oder nicht schlicht eine moralische, politische und intellektuelle Selbstverständlichkeit, mit der nur der sich in die Brust wirft, der das bitter nötig hat? Und gilt nicht doch, was der Neuss-Schüler Mathias Bröckers 1988 schrieb: „Kein Faschist ist nur, wer weiß, daß er einer sein könnte"?

Kein Zweifel, kein Gedanke behindert an diesem Abend junge Helden und Märtyrer, deren Kopfinhalt

IM GRUNDE SEINES HERZENS
WAR DER FÜHRER BLAU!

komplett mit *„I ♥ my Ghetto“* beschrieben ist — spätestens ab U-Bahnhof Hallesches Tor sieht man die harten Jungs regelmäßig weiche Knie kriegen, denn die Welt ist groß und böse, und zuhause ist es eben doch am schönsten. Da müssen dann auch *„Nazis raus!“*, auch dies ein Satz für Phrasenprüfer, der die Frage aufwirft: Klar, aber wohin? Ins Baltikum, zu ihresgleichen? Nach Polen, zu Lechz Valuta und seinen Freunden? Oder, ein netter Gedanke, nackt und unbewaffnet nach Soweto? Was soll man machen mit den Nazis?

„Ayhan did the right thing!“ heißt es auf einem Button, der Anfang Oktober '91 in Umlauf kommt. Ayhan Öztürk, „ein Proletarier aus Kreuzberg“, wie ein Flugblatt kitschig zu bramarbasieren sich nicht entblödet, hat am 16.11.1990 in Notwehr drei Nazis mit dem Messer beharkt — einer von ihnen, der REP René Gruber, blieb tot liegen. Na und?, kann man die Achseln zucken — weniger angenehm ist, daß zum Prozeß gegen Ayhan Öztürk besagtes Flugblatt erscheint, das in hochgradig präpotentem Ton zu einer Demonstration vor dem Landgericht aufruft, aber nicht einmal den Gerichtssaal nennt, dafür vollmundig von „Brother Ayhan“ trompetet und von einer „Bewegung“, die „Rassismus und Faschismus an ihren Wurzeln herausreißt“. Sind Rassismus und Faschismus Zähne oder Unkraut? Und wäre es, nebenbei, nicht klüger, alles dafür zu tun, daß der immerhin des Totschlags Angeklagte nicht in den Knast zurückmuß, statt ihn vorab zu märtyrisieren, ihn, ohne zu fragen natürlich, zu *„unserem persönlichen Gefangenen“* zu erklären, ihn mittels eines als *Solidarität* deklarierten vampiristischen Aktes quasi als Geisel zu nehmen? (Ayhan Öztürk wurde am 16.10.91 freigesprochen, aber nicht wegen, sondern eher trotz seiner selbsternannten Freunde & Genossen Maulhelden.)

Von volljährigen Nazis abgesehen, gegen die Messer und Pistole zwar nicht die adäquaten, aber durchaus legitime und zuweilen die letzten Mittel sind: Wie soll man bei der *„Wurzel“*-Behandlung von 14-16jährigen

Mini-Faschisten verfahren, die z.T. eher aus Doofheit und vagem Protest denn aus Bösartigkeit „Heil Hitler!" brüllen? Farin und Seidel-Pielen machen den unklar eher-irgendwie-links-orientierten Jugendgangs den Vorwurf, so reizlos und uninteressant zu sein, daß Kids sich lieber bei den Nazis tummeln. „Kümmert Euch drum!" werfen sie den *Kuckucksei*-Besuchern vor die Füße, und das wird nicht wohlgelitten – zuhauen und *„plattmachen!"* ist halt einfacher und angenehmer, wenn man möglichst 100%ig gedankenfrei durchs Leben kommen möchte. Der Eindruck, daß hier partiell simple Kneipenschläger sich einen politischen Background umhängen, will nicht weichen.

Auch andere Identitätswühler springen auf den Gratismartyriumszug. Michael Brinntrup, berufshomosexueller Subventionsexperte und Kleinfilmemacher, quittert meine natürlich verkürzende und keineswegs *gerechte* Bezeichnung für Rainer Werner Fassbinder — „Problemfilmschwuchtel" — mit einem „Versuch's mal mit Hoyerswerda!" und ergänzt, sich seine Blaue Blume aus anderer Leute Tod abkochend: „Wir wurden früher vergast."

Die SA-artigen Truppen, die eben nicht nur in Hoyerswerda, sondern überall im Land Asylantenheime überfallen, anstecken, ihre Bewohner schwer verletzen, umbringen und vertreiben, erhalten Unterstützung von sozialdemokratischer und grüner Seite: „Beliebig viele Ausländer können wir nicht akzeptieren", schreibt Peter Glotz am 2.10.91 in der *Bunten.* Warum eigentlich nicht? Wo wir schon beliebig viele Beliebig-Glotze zwar schwer nur ertragen können, aber doch hinnehmen müssen? Glotz' Adlatus, Daniel Cohn-Bendit, schreibt in derselben Ausgabe desselben Blattes unter der Überschrift *„Deutsche Party II — Saturday Night Fever in Hoyerswerda (Sachsen) — Tanz den Neger weg"* u.a.: „Wir können nicht schweigend hinnehmen, daß in Deutschland Menschen wegen ihrer Hautfarbe oder Herkunft sterben müssen." Nein, *schweigend* können wir das nicht hinnehmen, wir müssen es, wie *Dany mit Sahne,* eben schwafelnd tun.

Während Einigkeit (und Recht und Freiheit) darüber hergestellt wird, daß „Deutschland kein Einwanderungsland“ zu werden habe, obwohl es längst eins ist, die bayerische Grenze Züge des früher so verhaßten *Eisernen Vorhangs* annimmt und Herr Hitler seine *Festung Europa* nun doch noch bekommt und posthum den Zweiten Weltkrieg gewinnt, verwandeln sich Antifa-Gruppen mit dumpfem Gesinnungsgepoche in Wehrsport-Trupps, die in erster Linie ihren *„Lebensraum“* — sie nennen das wirklich so — auf diversen lokalen Abenteuer- bzw. Kiezspielplätzen verteidigen; ob man die etwas bräunliche Färbung dieser Antifa mit *Fa — die wilde Frische* abwaschen kann?

Man möchte die Haare raufen, aber nicht die eigenen: Die Insassen eines Landes, das Angehörige anderer Nationen und Volksgruppen in Zehnmillionenhöhe auf dem Gewissen hat, bewegen sich mit einer Selbstverständlichkeit und einer Ungebremstheit im Stechschritt durch den verachteten Rest der Welt, die nur ein Urteil zulassen: Das deutsche Volk ist definitiv nicht zivilisierbar und hat die moralische Verpflichtung, auszusterben. Moralische Verpflichtungen allerdings verpflichten niemanden zu nichts, und die linke Zwecklüge, der ausländische Mensch sei per se besser und wertvoller als der deutsche, gehört rückstandslos in die Müllverbrennungsanlage. Egal ob besser, schlechter oder auch nicht besser: Jeder Pole, Russe, Jude, Franzose, Schwarzafrikaner, Tamile, Vietnamese usw. hat, so er überhaupt will, dasselbe Recht, auf *deutschem Boden* — von dem gesprochen wird, als handele es sich um heilige, gebenedeite Erde — zu leben wie ein Deutscher.

Ich habe kein *persönliches* Schuldgefühl, was die deutsche Vergangenheit angeht, und ich möchte niemand eins einreden. *Historisch* aber muß eine Gerechtigkeit erzwungen werden, und wenn irgendwann einmal tatsächlich so ca. 100 Millionen Asylanten, egal wie arm, krank und kriminell sie immer sein mögen, aufgenommen und gleichwertig und anständig behandelt worden sind, dann darf von mir aus im Parlament oder in einer anderen Kneipe von *„Überfremdung“* genölt und gemault werden — eher aber nicht. Die „Deutschland-den-Deutschen!“-Deutschen haben den Rand zu halten und sich nicht zu mopsen.

Und die Mitglieder der analphabetischen Antifa, die ja durchaus ganz nützlich sind, wenn sie dem einen oder anderen auf Mord und Totschlag sinnenden Nazi die Luft rauslassen, mögen in ihrer Freizeit stille sein und in sich hineinhorchen. Ich bin gespannt, was sie da vorfinden.

Mein beinah' schönstes Fußball-Länderspiel

Beinah', beinahe wär's das schönste Fußballspiel meines Lebens geworden, das Länder- und vor allem Weltmeisterschaftsqualifikationsspiel BRD (*so* heißt das und nicht: „Deutschland!“) gegen Wales am 15. November 1989.

Freund und Kollege Fritz Tietz hatte sich von Hamburg aus in die neo- und gesamtdeutsche Blähung Westberlin gewagt, gemeinsam hockten wir vorm aufgespannten Schirm, püttcherten eine Flasche Roten und ließen kommen, was da kam.

Manches galt es zu erdulden, namenlos geistlose Zeittotschläger-Interviews vorab, schier nicht enden wollendes „Na gut“- bzw. „Schaumermal“-Genichte, und als Dreingabe, als Megafolter obendrauf quasi, feistete silbrig-jovial Dieter Kürten, der ZDF- und CDU-eigene Bilderbuchradfahrer, aus dem Kasten. Immerhin, ich hatte Schnittchen vorbereitet, die schlangen Tietz und ich hinab; gemeinsam, irgendwie, standen wir es durch, richteten uns, Rücken an Rücken gleichsam, aneinander auf, als das Gesindel im Köln-Müngersdorfer Stadion kollektiv die Nationalhymne brüllte, westdeutsche Dummklumpen im (Wieder)Verein mit exostzonalen Schafsnasen; ein prima Abbild der Großen Zeit & Zukunft, an der teilzuhaben verständigere Mitmenschen aber eher nicht gewillt sind.

An wurde gepfiffen, Kürten trumpfte auch gleich auf, „uns're" würden's schon „packen", nutzte aber nichts, die Jungs aus Wales konnten nämlich fußballspielen, und das westdeutsche Zwangserfolgsgekicke, das aussieht wie bei der *Iduna*-Versicherung ausgetüftelt, kriegte die verdiente Quittung. Zwar hob noch immer Kürten eifrig den Hetzertenor, aber jäh sackten ihm Stimme wie Sack in den Keller, als plötzlich ein Waliser Spieler — ich weiß nicht mal Deinen Namen, doch unsterblich lieb' ich Dich! —, vorbei an Fliegenfänger Bodo Illgner, ein wie geträumtes Einsnull hinlegte.

Wie wir die Arme hochrissen, wie wir jauchzten vorm Gerät! Wie dann Kollege Tietz auf meiner Auslegware in die Knie ging, Unterarme wie Fäuste nach oben reckend, als hocke er selbst „dort draußen auf dem grünen Rasen", Auge in Auge mit seinen Fans, und wie ich's ihm gleich tat — oh, die reine, ungetrübte Freude war's!

Und dann: Kürten. Schwerbelegt, als sei der ganze Mann auf einen Schlag komplett vergreist, tatterte mürb das Stimmchen, beschwor die Nationale Katastrophe: Nicht zur WM nach Italien fahren, nicht sich wichtigmachen dürfen! Sollte Udo Jürgens samt Nationalmannschaft umsonst eine Schallplatte vollgebrummelt haben? Und Dieter Kürtens Marktwert fallen? Keine Tombola-Moderationen bei *Gigant*-Supermärkten für zwanzig Mille cash mehr? Kürten, Angst im Mastdarm und kalten Schweiß auf den Stimmbändern, kämpfte. Statistiken zerrte er herbei, repetierte sie wie Rosenkränze, erklärte vorsichtshalber den Spieler Stefan Reuter, der beim Tor der Waliser nicht gut ausgesehen hatte, zur Niete der Nation und drückte und drückte: „Sie wollen alle, sie wollen alle." Dann fällt — Tietz und ich schweigen betreten — der Ausgleich, „hoch geht Augenthaler und flupp, ist er drin", kriegt Kürten Oberwasser, „na, jetzt atmen wir erstmal wieder durch, gaaanz gaaanz wichtig dieses Tor."

Großkotzig, kaum daß er Morgenluft wittert, wird Kürten, fällt satt in seinen Anfangstonfall: „Ich bin gespannt, wie lange die Waliser das durchhalten." Kuhauge Guido Buchwald versetzt einem Gegenspieler, der ihm permanent die Hacken zeigt, in purer Hilflosigkeit einen Fausthieb an den Kopf, „kann man pfeifen", läßt Kürten sich gönnerhaft herab; später, als Buchwald für seine unausgesetzten Fouls „gelb" sieht, gesteht der TV-Kommentator immerhin: „Schön ist das nicht, zu unkontrolliert, zu schwerfällig" — kontrollierter, leichtfüßiger und nicht so blöde offensichtlich zuschlagen und -treten, meint er.

Anders allerdings sieht Kürten die Attacken seiner ganz persönlichen Gegner. Bei jedem mittleren Tackling winselt er nach der Roten Karte für am besten gleich alle Waliser Spieler, den schönen Ausspruch ihres Trainers — „Ich will ein Spiel von Blut und Donner sehen" — kanzelt er schnöde als „negativ für den Fußball" ab und hechelt und eifert weiter, bis endlich, endlich *sein* Zweieins fällt und er weiß: Er darf nach Italien, er darf, er darf.

Tietz und ich ziehen die Mäntel an, schlagen die Kragen hoch, ein fester Händedruck mit den Augen, und dann geht es wieder hinaus, ins feindliche Leben, zu den an ihrem „Deutschland!" Besoffenen, ab in die Kneipe, Gegengift schlucken.

Aber eine gute Viertelstunde lang war's mein schönstes Fußball-Länderspiel: gegen die Nationalidioten wenigstens einmal Einsnull geführt.

Drecksäcke bekennen: „Ich bin ein Berliner!"

*Es waren „historische Tage" (*Die Flaschenpost, *Husum) im November 1989: „Hau weg den Dreck! Hau weg den Dreck!" drosch die junge Garde der Schultheiß-Berliner mit Vorschlaghämmern und Brechstangen auf den Wall ein, der den Rest der Welt bisher einigermaßen vor genau diesen Halb-Adolf-halb-Elvis-Figuren geschützt hatte. Zum dritten Mal nach 1914 und 1933 kannte dieses Land keine Parteien mehr, nur noch Deutsche. Bzw. in diesem ganz besonders unangenehmen Fall: nur noch BerlinerInnen. Ein Bericht von der Nationalen Front.*

Mensch Axel Cäsar, Du Julius Streicher des Boulevardjournalismus, daß Du das nicht mehr erleben durftest: Dein Traum wurde wahr, Dein Reich kam. „Berlin ist wieder Berlin!" jubelten am 9. und 10. November unisono alle Blätter der Stadt, Deine *BZ* genauso wie die *taz*. Aus letzterer, seit dem Umzug am 17. Juni 1989 in Deiner Kochstraße als zwotes *Haus am Checkpoint Charlie* tätig, berichtet Gewährsfrau Kahnert: „Korken knallten, Tränen flossen, die Berlin-Redaktion lag sich ergriffen in den Armen."

Die für „die Menschen in dieser Stadt" (*Der Stachel*) so typische Mischung aus Kleingeist und Größenwahn brach sich umgreifend und ungebremst Bahn. Zum x-ten Mal wurden die „Völker der Welt" angeschnauzt: „Schaut auf diese Stadt!" Als ob es nicht anderes gäbe, als wildgewordenen Piefkes beim Wegtrinken ihres nach abgestandenem Harn schmeckenden Lieblingsbieres und dem anschließenden kollektiven An-die-Mauer-Schiffen zuzukucken.

Eine Stadt wirft alle Reste von Verstand von sich und ist selig. Es sind die Stunden und Tage der Jubelberliner, der ewigen Mitläufer und der kritischen Opportunisten. „9.11. — Ich war dabei!" protzt es von einem eilig auf den Markt geworfenen T-Shirt. „Dabei" sind nicht nur DIE GRÜNEN im Bundestag, die beim halbverschämten

Mitsingen der Nationalhymne am 9.11.89 zeigen, daß sie schon lange nicht mehr die sind, die sie nie waren; „dabei" sind am Brandenburger Tor auch etwa 15 schnittige Arschgesichter, ganz die fröhliche *Attika*-Clique, die es mit reichlich Champagner, einem Karton Sektkelchen und einer roten Designerfahne aus Satin zum Atem der Geschichte zieht. Yuppies als Junge Pioniere? Ach was: „Erst trinken wir den Champagner, und dann verbrennen wir die Fahne."

Wann immer es für Feiglinge etwas zu feiern gab, der Berliner ist gern mit von der Partie gewesen. Am 9.11.1938 beim lustigen Judenjagen genauso wie beim geselligen Durchhalten rund um den Führerbunker im Frühjahr 1945. Der Typus des Berufsberliners, seit der angemessenen Teilung der Stadt in den Westsektoren zu voller Größe gedunsen, zeigt auch 1989, was in ihm steckt: nichts. „Die Mauer muß weg! Die Mauer muß weg!" brüllt es automatistisch, dabei ist sie zu diesem Zeitpunkt längst weit offen. Sprichwörtlich schon liebt der Berliner die Freiheit; bevorzugt immer dann, wenn diese gratis zu haben und in der nach Haarfett und Herrengedeck miefenden Masse zu genießen ist; sie manifestiert sich beim Dosenwerfen auf und Beschimpfen von Vopos, die leider nicht mehr schießen (dürfen) genauso wie beim Halbtotschlagen eines Rudi Dutschke-Doppelgängers 20 Jahre zuvor.

„Deutschland! Deutschland! Freiheit! Freiheit!": Dumm rumjubeln, natürlich auch noch einfallslos immer dasselbe, ist dem Berliner Neigung und Pflicht zugleich. Wehe, wer „in dieser Stunde" (*Die Zeit*) nicht sein Kerzlein für die Brüder und Schwestern im Fenster stehen, wer nicht ein gefühlsechtes „Wir haben achtundzwanzig Jahre lang darauf gewartet" parat hat. „Wer jetzt nicht mitzieht, der wird einsam sterben", droht, frei nach Rilke und nur halb im Spaß, Hörfunk-Kollege Lutz Ehrlich. Auch die Hirne sonst zumindest partiell zurechnungsfähiger Charaktere sind bereits mit „Wahnsinn! Wahnsinn! Ich kanns kaum fassen!" gewaschen.

Gespräche über irgendetwas anderes als „Deutschland“ bzw. „Berlin“ werden rigoros verweigert oder herzlos abgewürgt; Nichtjubler werden roh ins soziale Aus gestoßen und zu einsamem Trinken verurteilt.

Übler noch ergeht es einem Grüppchen von Berliner Autonomen, die mit der ihnen eigenen ideologischen Klarheit — „Gegen alte und neue Nazis — Für Selbstbestimmung und Freie Fahrt zum Alex“ an das revolutionäre Bewußtsein der Arbeiterklasse ausgerechnet auf dem Kurfürstendamm appellieren und sich dabei keineswegs die Liebe des Proletariats, sondern im Gegenteil die Androhung von Schlägen zuziehen. Dem Herzenswunsch starker urberliner Kräfte, „die Chaoten da mal richtig in die Mangel nehmen“ zu dürfen, kommen die eskortierenden Schutzmänner nicht nach; sie kosten vielmehr grinsend die schöne Gewißheit aus, so richtig gebraucht zu werden — und das von ihren erklärten, aufgrund der etwas delikaten Situation aber doch ziemlich zerknirschten Todfeinden.

Der Berliner (Ost) präsentiert sich, gemessen an seinem großen Bruder, geradezu rührend harmlos; als willkommener Anlaß der neu und extradick aufgetragenen Bulettenköpfigkeit des Daumen-hinterm-Hosenträger-Wurstberliners irrt er ohne Orientierung, aber unter strikter Einhaltung der Straßenverkehrsordnung — Sozialismus ist, wenn nur noch rote Ampeln die Volksmassen aufhalten können — „sehr sehr“ (E. Krenz) bedächtig und immer in mindestens Skatclubstärke durch den Vorgarten Eden. Unvermittelt bleibt er stehen, saugt sich an Schaufenstern fest wie Familie Lungenfisch am Aquarium, um glupschäugig und mit kreisrund aufgeklapptem Maule andächtig auf all die Dinge zu stieren, mit denen die Freie-Fahrt-für-freie-Bürger-Bürger ihren von der Evolution mit Verstand und Herzensbildung großzügiger ausgestatteten Mitmenschen schon seit Jahrzehnten das Leben schwermachen. Stinkewasser wie *Poison* oder *Tosca*, auf der Liste der Menschenrechtsverletzungen ganz oben anzusiedeln, finden ebenso reißenden Absatz wie Folterutensilien aus der Nippes-Welt: Barometer im Kapitänslook, Tischuhren und Kleinbürgerbarock in jedweder Ausformung und Größe.

Erstaunlich auch die nach wie vor ungebrochene Gier nach der Südfrucht, speziell der Wille zur Banane. Westliche Propagandalügen und Billigklischees verblassen vor der Wirklichkeit: Kiloweise kaufen alpakaumhüllte, abgehärmte „Menschen" (*Der Spiegel*) das Schimpansenfutter und stopfen es ohne Rücksicht auf mangelnde Reife in sich hinein. Quietschgrün gehen die Dinger von der Hand des anatolischen Schacherers direkt in den Mund des Ostessers. „Denen wünsch' ich Dünnschiß, beide Hände ab und kein Papier", quittiert Altmaoist Dr. Seltsam, der in den siebziger Jahren als „der Stalin von Bad Schwartau" zu trauriger Berühmtheit gelangte, verbittert diesen unwürdigen Anblick.

Weniger Abscheu, vielmehr Neugier und Erstaunen löst der Anblick leerer Fischstäbchenpackungen aus, die, wenn auch seltener als Bananenschalen, überall in der Stadt herumliegen; die Lösung des Rätsels bringt ein kurzes Gespräch mit der Kleinkonsumeinheit Brüsewitz (nicht verwandt mit Pfarrer Oskar, der legendären Fackel von Zeitz): „Erwin, sochich, das schmeckt abor gomisch, das isdoch nie und nimmor Aisgonfekt." Erwins stoische Replik: „Aba gald isses schon."

Rettungslos sind die Deutschen zweiter Klasse der als „Menschenliebe" (*Stern*) verpackten Großmannssucht und Prahlerei von Freiheitsberlinern ausgeliefert.

Mit großer Geste werden den Armenhäuslern Zehnmarkscheine, Negerküsse (im Ostjargon „Spreerosetten"), Ananasbombem, Kaugummis und stapelweise Springerpresse (Mensch Axel!) aufgenötigt, *Milka*-Tafeln werden hinter Scheibenwischer geklemmt, jede milde Gabe ein Ablaßzettel. Auch das rituelle *Trabbi*-Berühren und Ostlerstreicheln dient demselben schäbigen Zweck: so billig wie möglich das böse Gewissen entsorgen, die Ahnung vom Ausmaß der eigenen Verkommenheit verdrängen — während der weiße Westen den

„Fasischiiiiismus“ (E. Honecker) auf parlamentarische Demokratie umrüstete, kriegte die SBZ vom Iwan („Uhri! Uhri!“) die volle Kriegskostenrechnung aufgebrummt.

Die „vier Tage im November“ (Stefan Heym in *Geo*) erzeugten in empfindsameren Berlininsassen den einen Alptraum: Auf dem Weg in die sichere Wohnung wird man, zehn Meter vor der eigenen Haustür, in allerletzter Sekunde quasi, von einem Trupp jovial grinsender Westberliner irrtümlich für einen „Ey kieka, ’n Zoni“ gehalten und gestellt; alle Beteuerungen, daß man hier wohne und auf keinen Fall von drüben komme, werden schlicht ignoriert oder mit einem „Ach watt, Männeken, dett is doch keene Schande, brauchste dir doch nich scheniern“ beiseite gefegt; nach dem Prinzip der Inquisition wird jedes Abstreiten als Schuldgeständnis gewertet, es gibt keinen Ausweg, die Kapitulation ist unausweichlich, irgendwann fügt man sich, läßt sich willenlos in eine fremde Wohnung mitnehmen und alle Gratifikationen der freien Welt über sich ergehen. Natürlich gibt es nichts geschenkt, die Wohltäter pochen auf exzessivste Dankbarkeitsbezeugungen; Schmeicheleien können gar nicht verlogen genug ausfallen. An das Vollgeprügeltwerden mit verhaßten Nahrungs- und Genußmitteln wie Schweinskopfsülze und Mampe halb & halb schließt sich die rippenstoßende Einladung zu „ner juten Zijarre“ und einer „ditt is echt scharf“en privaten Videovorführung an: Manne und Helja janz intim.

„Es war nicht der Champagner, der sie trunken machte, es war die Freiheit“, tönte doppelt falsch die *Bunte*; für Ostler hatte es von Anfang an nur *Faber* gegeben, und nach ein paar Tagen gab es nicht einmal mehr den. Denn kaum hatte sich der angestaute Drang, in Horden „Deutschland! Deutschland!“ (Dieter Kürten) zu brüllen, entladen, kaum hatten Millionen von „Kronzeugen für das Scheitern des Sozialismus“ (*Tempo*) ihre mit 100,- DM dotierte Schuldigkeit getan, schrumpfte das Berliner Wesen wieder auf normales Miesepeterformat zusammen. Piefke maulte. Das sackförmige, in

Jogginghose und Schweißhemd gezwängte Geschwisterpaar, das bei einem neuköllner Italiener wagenradgroße Pizzen verschlang, meckerte schmatzend über die bucklige Verwandtschaft aus dem Osten, die nicht augenblicklich das Begrüßungsgeld abgeliefert hatte. „Jahrelang Päckchen jepackt und Jeld jejehm, und det is nu der Dank für allet. Aber so sindse." — „Naja, wa, ick habse jesacht, brauchta nich mehr komm, wa, erst durchfüttern lassen die Jahre und denn ooch noch hier wohn' wollen, mit Vollpangsion, und det allet fürn waam Händedruck — heissick vülleich Onassis oder wat?"

Gepeinigt von der ihm nasse Angstfürze in die *Schiesser-Feinripp* — Größe 10, mit Eingriff — jagenden Zwangsvorstellung, vom juten Konnjack und den teuan Pralinen wat apjehm zu sollen, geht der ewig zukurzgekommene Bolle-Berliner nur noch nach vereinbartem Klingelzeichen ans Telefon. Großdeutschland bzw. Großberlin — im Jargon der neo-juvenilen vereinigten ökofeministischen Mitterechtslinken „Weltstadt" oder „multikulturelle Metropole" genannt — soll auferstehen, die Privilegien aber bleiben bitte zuhause.

Ungeachtet der ihnen entgegenschlagenden Feindseligkeit strömen „die Menschen" (*FAZ*) aus der „DDR" (*Neues Deutschland*) weiter in den Westen. Wenn sie nicht gerade zäh und trantütig durch „die kalte, nasse Stadt" (M. Maurenbrecher) schleichen, gehen sie den von ihnen perfekt beherrschten, bereits in die Erbmasse übergegangenen Vorzugstätigkeiten nach: gaffen und gleichmütig Schlangestehen. Zum Beispiel am 13.11. vor, an und in der Deutschlandhalle, bei einem hastig organisierten Erbrechen namens „Konzert für Berlin". Dort bekamen sie zwar nicht ganz die „Musik" (Joachim Kaiser) zu hören, die sie gemeinhin besonders schätzen, also entweder bardiges Gejaule von sich für François Villon oder Bert Brecht haltenden ausgewiesenen Jammerlappen, oder aber, ohrenbohrender noch, wolkigen, metaphernwabernden und quälend auf Qualitätsprodukt getrimmten *Amiga*-Muffrock; die in der Deutschlandhalle zusammengekarrten „Rockformationen“ (Diedrich Diederichsen), Kathetercombos und Müttergenesungskapellen (Niedecken, Lindenberg, Hagen u.ä.) aber ließen Heimweh und Sehnsucht nach sichtblendenpflichtigen *City*- oder *Puhdys*-Auftritten gar nicht erst aufkommen — optische und akustische Vollbelästigung, alles da.

Wo immer ihnen ein Billigspektakel, gern auch mit antikommunistischem Einschlag, angeboten wird, greifen die einsickernden Konsumbrigaden ab. 30 Jahre sozialistische TV-Erziehung durch Karl Eduard von Schnitzler erweisen sich als fruchtlos. Schnitzler, einer der letzten Kampfjournalisten deutscher Zunge, warf bis zuletzt seine falschen Perlen vor echte Säue — vergeblich. Das von den Leipziger Pfaffenknechten und anderen Hisbohleyisten geforderte „Berufsverbot“ (Willy Brandt) gegen den sozialistischen Ehrenmann wurde am 30. Oktober 1989 vollzogen. Tagelang noch nach seiner „menschlich tief berührenden“ (Dieter Thomas Heck) Abdankung arbeitete der Mann mit der Einmachglasbrille verbissen in seinem Büro weiter, bevor er realisierte, daß er nie wieder „Soo (tiefes Einatmen), das also nennen die Kapitalisten (Schnaufen) Freiheit...“ würde sagen dürfen. Er, der den Widerspruch zwischen Kadavergehorsam gegenüber dem eigenen System und rhetorisch glänzender, analytisch treffender Attacke gegen den Klassenfeind in vorbildlicher Weise verkörperte, wurde mit Schimpf und Schande aus Amt und Würden gejagt, eine bräsige Propagandaveranstaltung wie die *Berliner Abendschau* aber lebt und wird erst mehr als ein Jahr später um einen Hans-Werner Kock kürzer gemacht — es ist zum Speien.

Kein personifiziertes antifaschistisches Mahnmal trotzt nun mehr, von DDR-TV-Schirmen herab, den Rassisten beider deutscher Staaten, die sich in seliger Kumpanei gegen „Scheißpolacken, Schlitzaugen und Knoblauchfresser“ verbünden. „Ihr macht det schon janz richtich mit die Kanacker“, zollt der ostberliner Taxifahrer dem Westgast Anerkennung; der Ostrassist, an den der Sozialismus, d.h. der Versuch, aus Primaten Menschen zu machen, verschwendet ist, findet sich mit seiner Rolle als Zwote-Wahl-Deutscher ab, solange ein Objekt der Verachtung vorhanden ist, das ihm ermöglicht, nach oben (Deutschland) zu buckeln und nach unten (Rest der Welt) zu treten.

Während im BRD-Fernsehen ein gesichts- und namenloser Fatzke das schlagendste Argument gegen jedwede Form von „Demokratie" (Otto Schily) liefert — „Wenn die Mehrheit der Deutschen keinen Sozialismus will, wo liegt dann eigentlich die Existenzberechtigung der DDR?" —, strebt die *Aktuelle Kamera* auf der Ausgewogenheits-Schleimspur immergibihm hinterher: statt Klassenkampf jetzt Klassenbester. Von den USA bezahlte islamische Killer in Afghanistan werden nicht mehr „von den USA bezahlte islamische Killer", sondern „bewaffnete oppositionelle Gruppen" genannt. Während Helmut Kohl am 28.11.1989 im Bundestag unter dem Beifall der traditionell feigen Sozialdemokratie (traditionell umfallend kann man sie nicht nennen — dies würde voraussetzen, sie hätte jemals gestanden) die Wiedervereinigung, d.h. das nachträgliche Gewinnen des Zweiten Weltkriegs verlangt, hat die „DDR-Opposition" (André Heller) nichts Eiligeres zu tun, als bei demselben Helmut Kohl um dieselbe Wiedervereinigung zu betteln. R. Eppelmann und W. Schnur, zwei Wichtelmännchen vom Demokratischen Auswurf, schlagen als Vollstrecker von BiGott, König und Vaterland, als neudeutschen Kaiser Richard von Weizsäcker vor; wer wäre für den Job als kollektiver Entnazifix besser geeignet als der Nazivater-Verteidiger, Ex-Boehringer-Gesellschafter und Wehrmachtsoffizier?

Heroisch und eindrucksvoll ist der Kampf unbewaffneter oppositioneller Gruppen der DDR für das unteilbare Menschenrecht, ein Arschloch zu sein. Der Unterstützung westdeutscher Contras dürfen sich die christlichen Milizen gewiß sein; der einzige historische Nutzen von Gebärfanatikern und Schwulenhassern wie dem Ost-Oberpfaffen Manfred Stolpe aber ist die o.g. Entwicklung der Brüsewitz'schen Pyrotechnik.

Widerstand gegen die Wiedervereinigung des dreckigen Deutschen resp. ewigen Berliners wird kaum geleistet; vergessen scheinen Vorbilder wie die Bewegung 2. Juni, die u.a. mit der Entführung von P. Lorenz „einen wertvollen Beitrag“ (E. Diepgen) zur Entwicklung der „politischen Streitkultur“ (Lea Rosh, mit bürgerlichem Namen Gabriele Schultze-Rohr) geleistet hat.

Nur im Vollrausch ist der „Rausch der Geschichte“ (R. Augstein) zu ertragen; Pjotr, Mitte 50 und ziemlich voll, singt und agitiert täglich am Halleschen Tor: „Drei Apfelsinen im Haaa, unn annen Hüffen Bananen ... aba daß die Sinen aus Süafrika sin, isseuch scheißeal ...“ Kockberliner „aus beiden Teilen der Stadt“ (W. Momper) bieten ihm Prügel an.

Völker der Welt, haut auf diese Stadt.

(gemeinsam mit Michael Stein)

Die Butterfahrt nach Stalingrad
oder: Etwas mehr Wahlkampf, bitte!

Sssuuper! Ich darf wieder wählen! Juhu! Demokratiehie! Spannend! Jaha, ich komme: Ran ans TV geeilt, angeknipst, und da ist er auch schon, der Mann, der so prall verkörpert, was die Vokabel *Rechtsstaat* meint: Franz Schönhuber, der Tresen-Weizsäcker mit dem Charme einer aufgekrempelten Manschette. Als Unkas, der letzte der Demokraten, lugt er aus dem Gerät heraus. Wie beleidigt er dreinschaut, wie entrechtet, wie entmenscht! Am „Marterpfahl der Geschichte" muß er schmachten, der arme Mann. Was hat er leiden müssen bei der Waffen-SS! Und hat doch, wie auch Wehrmachtsleutnant Helmut Schmidt und Mio. andere anständige deutsche Soldaten, nur seine Pflicht getan: Nein, Auschwitz, das werden wir den Juden niemals verzeihen.

Schönhuber, das auslaufende, weil zu grobschlächtige, zu wenig smarte Modell, schürzt Lipp' und Aug' und grummelt und zauselt. Wie es ihn dürstet nach „Fairness" und „Chancengleichheit", wie er ehrlich betroffen ist vom „Blutgeld der PDS" — nicht mal lumpige 107 Mio. DM kriegen diese Biedermeiersozialisten auf die Seite, da halte ich mich doch lieber an die FDP —, wie er leidet unter dem „Druck der Straße", dem „Faustrecht", und wie sie ihn quälen, die „gewalttätigen Chaoten" in „rechtsfreien Räumen", wie er die Struppis, die im authentisch-autistischen Elendslook die antiimperialistische Sandkasten-WG Hafenstraße bewohnen, nennt; ach, wie muß es diesem Menschen schlechtgehen, daß er schon herumjammert wie ein gestandener Sozialdemokrat. Und sowas will rechtsradikal sein? Sowas soll ich wählen? Pah!

Wozu die Kopie angucken, wenn man das Original haben kann? Der Kanzler, die Rechte hoch zum Schwur erhoben, trägt sich ein ins „Buch der Geschichte", schlägt dort „neue Kapitel" auf, baut Autobahnen und nimmt die Ehrendoktorwürde für die Erfindung der deutschen Sprache entgegen; so jedenfalls will es ein cremig säuselnder CDU-Wahlclip. Erfolgsgesättigt und sonor tönt es aus dem Off, schäbige Kaufhausmusike wämmst im Marschrhythmus den Pulsschlag der Zeit: Helmut Kohl, jawohl jawohl, ist Dieter Bohlen, Gott befohlen! — yeah, folks, that's the groove, das ist es: blondiertes BummBumm, Blue System, Klingelingeling, hier kommt der Einheitsmann, topmodern, computeranimiert und multimedialkompatibel — ach, es wird wahrhaft alles immer freud- und seelenloser, nicht einmal der fröhliche TV-Faschismus will mehr richtig Spaß machen.

Warum sehe ich nicht die derzeit begehrtesten Beine des Landes? Nein, Frauen, Eure Nylonstengel sind ganz und gar uninteressant, und auch Sie, Frl. Dolores, sind abgemeldet — die geilen *Hot Legs* von Wolli Schäuble will ich!

Warum schaut der Mann nicht per Television ins Land, zusammengeschossen, zusammengeflickt, aber ungebrochen, mit markig-strengem Was-uns-nicht-tötet-macht-uns-nur-stark-Blick, den Kopfverband leicht rosa, *medium* quasi, durchgesuppt? Warum fällt kein Wort vom Spaziergang durch den polnischen Korridor, warum höre ich keinen launigen Bericht von der Butterfahrt nach Stalingrad (mit Marika Rökk und Ia-Heizdeckenverkauf)? Wo sind die Bilder vom Innenminister, wie er, umringt von einer Bodyguards-Schutzstaffel, eigenhändig einen Attentäter abknallt? Das wäre Wahlkampf. So, wie der hierzulande aussieht, wirkt die Behauptung der TV-Anstalten, für den Inhalt der Werbespots seien allein die Parteien verantwortlich, albern; genausogut könnte man „Was nun, Herr Kohl?" gesehen haben, mit ZDF-Chefredakteur Klaus Bresser, dem Gleitmittel der Macht, und anschließend Reklame für Streichkäs' und WC-Reiniger.

Meine Herren — ich darf doch sehr bitten. Ich bin Gebührenzahler!

Unternehmen Schweinebucht
Mit der halbnackten deutschen Arbeiterklasse im schönen sonnigen Spanien

I.

„Also der Packo wiat langsam lästich. Gede Nacht dasselbe Theata. Getz happich dem schonne goldene Uah geschenkt, untann gippta imma nonnich Ruhe. Unt Ätz kamman da ja schließlich aunoch von kriegen."

Morgens in der kratzfest beschichteten Frühstücksnische, die im Hotel *Elisa* „Lounge" heißt, beginnt man zu glauben, daß Gott ein Buchhalter ist, der einem pingelig und genüßlich jede mickrige Sünde zurückzahlt, die man auf sich und die Welt geladen hat im Laufe seines Lebens. Zur Strafe für Autoquartettspielen im Reli-Unterricht gibt's dreimal Frühstücken neben Gisela, Sabine, Uschi und Regine, den vier lebenshungrigen Grazien aus Recklinghausen mit der ganz und gar unbegründeten Seuchenpanik: So gußeisern gepanzert mit Angst haben sich diese vier mittleren Damen, daß sich zu ihnen nichts Lebendiges verirrt, nicht einmal ein Virus.

Drei Tage Lloret de Mar an der Costa Brava: Das Fegefeuer muß ein vergleichsweise angenehmer Ort sein. Kaum, daß man aus dem Bus getaumelt und dem Ehepaar Beckstette entronnen ist, das einem 20 Stunden lang mit unbeirrbarer und zäh in sich hineingelächelter Fröhlichkeit Stullen und *Strothmann*-Weizenkorn aufnötigte, taucht ein braungebrannter Berufsjugendlicher auf, sagt, daß er „Jürgen" heißt und uns erstmal einen „Begrüßungsdrink" anbieten möchte.

Sacht klackert der Eiswürfel im Plastikbecher, „Jürgen" bittet zum „Pool", einem knapp handtuchgroßen Schluck Wasser im fünften Stock des nach einer Mischung aus Speck und *Ata* riechenden Hotels *Elisa*. Der „Pool" wird allerdings bereits flächendeckend umlagert von einem halben Dutzend junger Männer, deren Urlaubs-, wenn nicht Lebensziel darin besteht, so auszusehen wie „Jürgen". Trotz Vollschattens trägt man kollektiv Sonnenbrille und, dem Diktat der aktuellen Mode sich beugend, eine Art Ganzkörperbadehose in neongrün, deren lässiger Chic dezent durch blauweiße Badeschläppchen der Marke *Adilette* unterstützt wird, die sich wiederum sehr schön und kontrastreich von den überraschend nikotingelben Füßen absetzen.

Abenteuerlustig verflüchtigt man sich, stromert durchs Städtchen und prüft kundig das Freizeitangebot, um für den Abend gerüstet zu sein. *Bei Marga und Heinz* wird „jeden Abend Tanz" feilgeboten, im *Kleinen Faß* gastieren drei Poncho- und Strickmützenträger namens *Los Buenos Paraguayos,* die etwa so paraguayisch aussehen wie man selbst, mit „authentischer Musik der Anden".

Eine *Discoteca Casablanca* läßt stämmige Herren „Membership-Cards" mit goldenem „V.I.P."-Aufdruck en gros verteilen; mit stolzgeschwollener Brust schreiten die derart Beschenkten die Strandpromenade entlang wie Kalif Storch. Am Strand ist der Freizeitkrieg in vollem Gange, die innere Stechuhr erlaubt noch keinen Feierabend. Schwaden aus Schweiß und *Piz Buin* durchdünsten die Luft, fröhliche, astralbeleibte *Baccardi*-Cliquen lassen Hals- und Fußkettchen glitzern. Im Strandcafé tauschen beschnäuzerte *Golf*-Fahrer Meinungen aus: *„Do, das is' 'ne richtige Goldgrube hier."* — *„Kannste aba laut sagen, do."*

Im Flickenteppich aus Menschenfleisch in den Tönungen harnblaß bis feuermelderrot finden sich vereinzelt besonders Mutige, die ihre Hängehoden und Krampfaderpimmel in die Gegend halten; wechselseitig werden Brüste gefettet und Ärsche gecremt— nein, jeder hungerleidende Kannibale noch wird hier zum Vegetarier. In den Sand setzt man sich, kuckt leer aufs Meer und träumt von einem Land, in dem man kein Wort von dem versteht, was so geredet wird — das wäre das Glück.

Dergestalt angeschlagen und verwirrt, ist man leichte Beute für „Jürgen", der mit Widerspruch gar nicht erst aufkommenlassender Stimme erklärt, man werde abends eine Flamenco-Bar besuchen, dort gemeinsam tanzen, anschließend geschlossen an den „Miss-“ bzw. „Mister-Casablanca“-Wahlen teilnehmen und die Nacht mit dem Besuch einer „Laser-Strip-Show“ ausklingen lassen — später wird sich, Gott sei Dank, möchte man sagen, herausstellen, daß keine dieser vollmundigen Drohungen wahrgemacht wird: „Mister“- und „Miss“-Wahlen finden gar nicht erst statt, und in der „Laser-Strip-Show“ gibt es weder Laser noch Strip.

Dennoch ist für handfeste Vergnügungen gesorgt: Der massiv aufkommende Unmut darüber, daß zwar „Jürgen“ für seine Provisionsprozente, nicht aber für zufriedene Gäste gesorgt hat, wird durch die Begegnung mit einer Gruppe ähnlich unfroher niederländischer Jungproletarier kanalisiert; mit „Oranje! Oranje!“- bzw. „Deutschland! Deutschland!”-Rufen stürzen zwei Dutzend angesprittete Kerle aufeinander und hauen sich die Masken blau, weil die einen die einen und die anderen die anderen sind.

Auch britische Staatsbürger leisten ihren Beitrag zur Desillusionierung. Die positiven Vorurteile, die man Vertretern dieser Nation gegenüber hegte — Selbstironie, Understatement, subtiler Humor usw. —, werden ebenso rasch wie restlos beiseitegefegt. *„Bits. Bits in there“*, stammelt ein junger Londoner beim Frühstück am folgenden Morgen den Kellner an, der lakonisch auf die Tasse und den darin schwimmenden zerrissenen Teebeutel zeigt, *„Yes, it's broken“* sagt und sich genervt abwendet, woraufhin ihn der Engländer am Ärmel zupft und gleich dreimal hintereinander *„Tea-bag, it's broke, tea-bag, it's broke, tea-bag, it's broke“* jammert; seine Gattin studiert derweil die dem kopfmäßigen Standard der Kundschaft Rechnung tragende, mit gelblich verblichenen Fotos illustrierte Speisekarte, ruft den Kellner heran, stochert mit dem Zeigefinger auf die Fotografie eines unappetitlich und fettig ausehenden Cordon Bleus ein und treibt den Mann mit einem *„What is this — Cordon Bleu?“* in die endgültige Verzweiflung. *„Meat —*

cheese – ham – meat!“ bellt er immerhin noch zurück.

Zwei unvergeßlich böse Tage später sitzt man wieder im Bus, Frau Beckstette sagt *„Ich würde nie alleine verreisen – wenn ich alleine bin, dann ist da gar keiner“*, und mit totaler Kapitulation im Herzen nimmt man ihren *Strothmann* entgegen und schluckt.

II.

Wieder zuhause, trifft man auf der Straße einen rot-grün engagierten Rechtsanwalt, der schwelgend seinen Klasseurlaub auf einer griechischen Insel referiert: „Alles total sssuper, aber dann haben mir diese Schweine doch meine Fotoausrüstung und meine Rindboxlederkoffer geklaut, wo ich doch nun wirklich sanften Tourismus mache! Sollen sie doch die Scheiß-Neckermänner beklauen, die ihnen ihr Land kaputtmachen mit Pauschaltourismus“ usw.

Nein, der Mann irrt. Mit ihm hat es haargenau den richtigen Lebenslügner erwischt:

„Sanfte Touristen“ sind „Kritische Polizisten“ sind „Pazifistische Generäle“. Wir erwarten noch in Kürze die Gründung eines alternativen Arbeitskreises der „Kritischen Faschisten in der NSDAP“.

Wie ich einmal Scorpions-Sänger Klaus Meine war

Ich war nie katholisch, aber ich muß etwas beichten. Es war Sonntag, der 25. August 1991. Mit den Freunden und Kollegen Goldt und Weimer hatte ich in der Hamburger *Kowalski*-Redaktion bis zur Ausjemerjeltheit jeschuftet („Mulde“ machen), gegen drei Uhr früh hatten wir — Feierabend!!! — ein Lokal aufgesucht und zügig diverse durstlöschende Biere getrunken, woraufhin Herr Goldt auf dem Tisch herumkrabbelte und sich auch sonst eher zoologisch benahm, bis Herr Weimer und ich ihn nach guter alter Vater-Mutter-Art ins Alternativhotelbettchen verklappten, und dann waren Herr Weimer und ich noch in eine Normalokneipe Beim Grünen Jäger eingekehrt, fünf, halb sechs war es mittlerweile, außer *Holsten* gab es eine Musiktruhe, in die stopfte ich ca. 27 Mark hinein oder vielleicht auch 270 und drückte 300 oder 30.000 mal im Wechsel den 'Shoop Shoop Song' von Cher — „If you wanna know if he loves you so it's in his kiss — that's where it is“ —, so wunderbar wie wahr, und, nicht leicht geht es mir über die schamzerbissene Lippe, 'Wind of Change' von den Scorpions. Noch nicht einmal die Ausrede, ich hätte nur die anderen Gäste, die Idioten, ärgern wollen, kann ich anführen — außer dem Wirt, Marcus Weimer und mir war niemand da, nein, einfach so, ohne Not, ohne Androhung von Folter o. dergl. drückte ich etwa 3.000.000 mal die Hymne der Greise jeden Alters, das Lied, das so platt ist, wie man die Scorpions dafür hauen müßte, „where the children of tomorrow share their dreams ...“ jaulte ich, es war schrecklich, eine Mixtur aus Faszination und Ekel, ja, ich gestehe: Ich sang die definitive Arschkriecher-Ballade, ich war Klaus Meine, der windelweichste Mensch der Welt noch vor Gorbatschow.

Diese Geschichte wurde für Kinofilm und Video gesperrt!
WEIL ZU HART!!!
Wie ich einmal Klaus Meine war
Lesung Wiglaf Droste

Viel zu schlapp von zuviel BAP

„Stell disch führ es jütt köhn Krüsch möhr“, möhrt es aus dem Autoradio; rechts ranfahren, Warnblinker an und ungläubig lauschen ist eins:

W. Niedecken, der Ohrenzwang vom Rhein, raunt und mümmelt John Lennons „Imagine“ auf pseudo- bzw. studentenkölsch und meint sein Gejaule — diesmal: Wir singen an offenen Gräbern — wie immer schwerernst und auch noch vollrohr ehrlich.

Ich habe weder die Beatles noch John Lennon je sonderlich verehrt oder geschätzt, aber gäbe es eine Gerechtigkeit, die Grube öffnete sich, Lennon führe heraus und sänge: „Imagine there's no Deutschrock, no Niedecken, no BAP...“, und im Refrain: „Yes, it's true, you're a screamer, but you're not the only one...“ Aber Gerechtigkeit gibt es eben keine, und leider auch keinen „Krüsch“, d.h. Krieg gegen derartige Quallköpfe.

Wenn Jusos lallen
Campino, eine tote Hose

Er ist so lustig. Er ist so komisch. Er ist auch ein bißchen vorlaut und ein bißchen wüst. Er hat so bunte Hosen. Er hat so grelle Haare. Und obendrauf ein Hütchen, ein Honecker-Schrebergärtner-Freizeit-Sommerhütchen. Unter dem Hütchen hat er ein Köpfchen, und darin, manchmal, Gedankengang: „*Ich find alle Opelfahrer gut.*"

So ist Campino, bürgerlich Andreas Frege, Sänger der *Toten Hosen*: Der aufdringliche Junge mit dem goldenen Herzen für seinesgleichen. Im Grunde ein guter Kerl, Aufschrift: Mache alles mit. Plaudern bei *Tele 5*, Fußball-WM-Kolumnen hinklirren für die *taz*, mitschnacken bei Lea Rosh, und immer ganz der Wohnstubenpunk für alle, die nicht wissen, was Punk war, der etwas rotzlöffelige Schwiegersohn für die aufgeklärte, liberale Familie von heute.

Gern gibt der Alt-78er Bürgersmann Campino den Prolo und Hooligan. Seine stärkste Waffe dabei ist sein bundeswehrspindgeeichter, nach Bierfurz und Männergruppe muffender Humor: „*Ich find', das wichtigste ist, dat dat Mädchen mit den Ohren wackelt.*" Ja, der Rheinländer, ein scharfer Gänger und Witzbolzen, „*Vorliebe für einen derben, aber nicht dümmlichen Humor*", heißt so was im „Info" zur jüngsten *Tote Hosen*-LP, aber Campino, der in Interviews immer so gern scherzt und dann doch ganz doll ehrlich wird, rückt den falschen Eindruck gerade und sein Herz auf den rechten Fleck: „*Meine Freundin, das ist so 'ne ganz Ruhige. Die redet nicht viel, und damit komme ich klar, bin immer noch richtig verschossen.*"

Sein treudeutsches Gemüt entblößt der Abziehbild-wilde Campino gern, wenn's ums Sexuelle geht: „*Die Mädels, die mit dir mitgehen wollen, waren am Vorabend mit dem Bassisten einer anderen Band mit – so richtige Band-Schlampen. Und wenn du ein bißchen Selbstwertgefühl hast...*" — nein, sie taugen alle nichts, die Weiber, alles Votzen außer Mutti, und Öl oder Reifen kann man an denen auch nicht wechseln, nee, nee, da bleib lieber bei der Kompanie, Junge.

Besonders gern, bieder und bräsig aber spricht Campino über das Lieblingsthema aller angejahrten Berufsjugendlichen: Jugendliche. Da kann der Altbierhumorist richtig böse werden, sehr schwer und sehr wichtig: „*Klar, über das Thema Fans und Randale kann jeder klugscheißen. Wir wissen zwar nicht, was der Herr DFB empfiehlt, wir empfehlen: Jetzt zeitgleich eine Hooligan-WM in Rom, im traditionsreichen Kolosseum. Vor der Arena Haut-den-Lukas-Geräte in den Farben aller Länder, die kostenlos benutzt werden dürfen. Mal sehen, für welchen Wettbewerb sich die Medien mehr interessieren!*" Angesichts dieses rundumkompatiblen Sozialarbeitergelalles nimmt es nicht wunder, daß Campino es „*eine großartige Erfahrung*" fand, in Wackersdorf mit Backpfeifen wie H. Grönemeyer u.ä. auf einer Bühne zu stehen. Den amusikalischen Kumpelrock der singenden Sozialdemokratie spielen die *Toten Hosen* zwar immerhin (noch) nicht, dafür ist die „Volxmusik" der Punx mit „x" der Volksmusik eines Karl Moik durchaus nicht unähnlich. Senkt man die beats per minute etwas ab, ist es Marschmusik. „*Musikalische Originalität*" nennt das „Info" dergleichen.

Was Songtexte und Sozialverantwortlichkeitsgetue angeht, kann es Hosen-Spieß Campino längst mit Kalibern wie Niedecken etc. aufnehmen. Permanent muß er damit kokettieren, daß sich hinter dem Zirkusclown auch ein Ernsthafterjungermann verbirgt. Lange habe er in der Psychiatrie gearbeitet, ächzt der Allgemeinplatzwart vom Rhein, und er habe festgestellt, daß Ärzte und Patienten kaum voneinander zu unterscheiden... — nein, wie er den letzten Kalenderblattspruch noch von sich gibt, als habe er soeben den geistigen Everest erklommen, es ist von rührender Einfalt und doch schwer nur tolerabel. „*Ich bin ein ganz normaler Wichser*", sagt Kampfsportler Campino, und dieses eine Mal kann man ihm rückhaltlos zustimmen.

Die *Toten Hosen* begannen als sympathisch-chaotische Säufer; mittlerweile werben sie damit. „*Immer noch der gleiche Sauhaufen*" prahlt das „Info" in Kommißkoppsprache und bescheinigt der Band, „*großmäulig und mit Vollgas voran*" zu marschieren. Auch die gleichsam tanten- und angeberhafte Frage „*Was werden die Kerle als nächstes anstellen?*" paßt gut ins Drehbuch „Fünf Freunde und der Kulturbetrieb".

Man kann mit Geld korrumpiert werden oder mit der Suggestion, man sei ein wichtiger Mensch und hätte wunderwerweißwas zu erzählen. Campino, der gut beraten wäre, außer zum Singen den Mund fest geschlossen zu halten, hat sich die Rolle des Jugendgottesdienstpredigers aufschwatzen lassen und geht ebenso gerne wie rückhaltlos in ihr auf. Das kann man schade finden oder auch einfach nur peinlich — durchgehen lassen kann man es nicht. Laute Rockmusik und Betrunkensein sind viel zu existenzielle Tröstungen, um sie einem Stupido wie Campino Frege zu überlassen.

Lustige Denunzianten

Ein Abend mit deutscher Volksmusik

Die Kontrolle am Eingang ist angenehm ungründlich, lässig und geschäftsmäßig stehen die lokalen *Security*-Männer herum, deren dezent-dunkelblaue, Zivilisiertheit suggerierenden Anzüge von Haudraufundschlußgesichtern Lügen gestraft werden; geschwollene Muskeln unterm Hemd, Walkie-Talkie in der Linken, warten sie ab, gleichgültig und ausdruckslos wie Bullterrier, bevor Herrchens Pfiff schrillt: *„Faß!“* Aber Herrchen pfeift nicht an diesem Abend, und so tauchen der Votograf Owsnitzki und ich unbehelligt ein in die Berliner Deutschlandhalle, mitten zwischen etwa 9.500 Stück deutsches „Wir sind das Volk!“-Volk, das Abendkleid und -anzug trägt, oder, ganz gediegen und dem kommenden Ereignis angemessen, sogar *Tracht* angelegt hat — die Tracht Prügel fürs Auge sozusagen.

Erstaunlich, in welch vielfältiger Variation man Janker mit Hirschhornknöpfung und aufgestepptem Eichenblatt tragen kann; glatt- oder rauhledern, in warm schimmerndem Samt, freizeitgrell oder klassisch waldgrün, braun abgesetzt. Auch das Dirndl wird in vielhundertfacher Erscheinungsform vorgezeigt, aber weit weniger fesch als die Gewänder wirken die stramm und prall darin eingefaßten Damen und Herren, deren dauergewellte oder schnauzbestückte Schinkenspeckgesichter sehr sinnlos und traurig aus den Kragen ragen.

Wie anders dagegen *Marianne und Michael*, das Moderatorengespann, das launig und gemütvoll auf die Bühne trabt, in angechicter Seppelkluft routiniert Heiterkeit verbreitet und uns allen „einen wunderschönen guten Abend“ wünscht; das Wort „wunderschön“ werden wir noch oft, chronisch geradezu, hören an diesem Abend als eine Art Passepartout, als Knebel gegen jeden Zweifel und Gedanken. Bevor es noch Gelegenheit zur Reaktion hat, lobt Michael das Publikum emphatisch,

„ein Publikum, wie wir es noch nie hatten", klappt dabei ruckend die Arme auseinander und wieder zusammen, als müsse er den Motor, die Maschine anwerfen, auf Touren bringen, ein mumifizierter Fleischsack mit den gleichermaßen ausgeleierten wie scharf gefalteten Gesichtszügen eines schweren Trinkers und frisch gegossener Jupp Heynckes-Frisur. „Hier in Berlin sind der Phantasie keine Grenzen gesetzt", nimmt er seine Zuhörer reißerisch an die Kandare, stimmt, man muß nur 50, 60 Jahre zurückdenken oder die Massenkopulation vom 9. November 1989 erinnern, „wir sind offen als Stadt, offen als Menschen, und wir sind frei und fröhlich!", brennen Michael schon frühzeitig die Sicherungen durch, und niemand ruft ein frisch-frommes „Heil Hitler!" dazwischen, so daß der freie und fröhliche Mann Gelegenheit erhält, „die Beehnd", also die Begleitkapelle einzuführen, den sog. *Musikantenexpreß*, „die spielen nach Noten — Banknoten, am liebsten gebündelt, hähähä", witzelt Michael, dessen entertainerische Fünftklassigkeit, würde sie nicht zwodreimal pro Monat via Television in die Köpfe eingespeist, nicht einmal dieses gandhihaft sich alles gefallen lassende Publikum ertrüge.

„Kein Mensch hat Lust auf Frust!" kräht jetzt folgerichtig *Marianne* dazwischen, schwingt die Stimme wie Schrubber und Feudel, eine zitronenfrische „NullNull — In Bad und WC ist alles okeeh!"-Gesamterscheinung, „hier bei uns, da können Sie so richtig mitklatschen, so richtig mitmachen", heischt die bakterienfreie Frau, und damit allen auch ganz klar ist, daß sie „mitmachen" nicht nur „können", sondern vielmehr müssen, setzt sie lächelnd hinzu: „Und das üben wir jetzt alle einmal. Bitte — Probeapplaus!" Der *Musikantenexpreß* spielt grinsend einen Tusch, nein, spielt ihn nicht, simuliert ihn nur, der Krach kommt hörbar vom Band, zum *Musikanten* reicht es, wenn man das Instrument festhalten und halbwegs synchrone Bewegungen daran vorzeigen kann, Marianne und Michael schwingen ihre Mikrophone und klappen die Münder auf und zu, und aus den Lautsprechern hallt es „So schön ist Volksmusik“, es klingt wie „So schön ist Vollplayback“, und das 42,- DM pro Kopf gezahlt habende Publikum muß mitklatschen, damit es später im Fernsehn so aussehen wird, als habe da ein *Ereignis* stattgefunden — nicht nur die *Frau im Spiegel* und der Berliner Durchhaltesender *Radio 100,6* nämlich veranstalten diesen Abend, sondern auch *SAT 1*, und da ist Stimmung im Saale Pflicht. Und die wird vorerst noch gern erfüllt bis zum letzten Händepatschen.

„Ich finde es wahnsinnig schön, daß Sie hier sind“, werden jetzt auch „unsere Gäste aus dem Osten“, Marianne sagt das wirklich so, in Empfang genommen, und die freuen sich wirklich darüber, so treuherzig, bieder und tankwartsdumm, daß aufkeimendes Mitleid sogleich erlischt. Die *Schöneberger Sängerknaben* singen *Märkische Heide*, 35 x Frischfleisch in kurzen Hosen und weißen Kniestrümpfen, da lacht der Päderast, fühlt sich warm im Gemüt, und in den Unterhosen steht es wenigstens ein bißchen stramm, so daß *Jürgen Wohlrabe* leichtes Spiel beim Halten seiner von niemandem gewünschten Rede hat, die er als *Schirmherr* der Veranstaltung in seiner „Eigenschaft als Präsident des Berliner Abgeordnetenhauses“ hält; der *Rambo III-Jugendfilm*-Verleiher und von Herbert Wehner treffend „Übelkrähe“ betitelte Law-and-Order-Mann hebt die Whisky-sauer-Stimme und knarrzt von „dieser schönen, weltoffenen Stadt (...) großer Schritt nach vorn (...) ein neues, richtig schönes Berlin (...) eine grüne Lunge“, nicht für die offensichtlichste Lüge ist dieser Mann sich zu doof oder zu schade und blättert nach Kräften im Wörterbuch der Gemeinplätze, wo „Musikanten“ immer „lustig“ und „Weiden“ immer „saftig“ sind.

Eine Gruppe *Speelwark* löst den ungerührt daherröchelnden Politiker ab, Kerle in Fischerkluft mit flachen Elbseglern auf den Runkelrüben, in erster Linie blonde Frauen in Wallekleidern, eine 70er-Jahre-Wohngemeinschaft mit fließendem Übergang von Traditionspflege und arisiertem Brauchtum, „Freesenkinnä das sinn wieeh...“ singt’s vom Band, und auch die so nordisch eingefärbten Musikerdarsteller sind in ihren Körpern nicht zuhause und ruckeln wie eingangs Michael, wie für ihre Existenz sich entschuldigend, ja sie negierend, mit Ärmchen und Beinchen.

Auf Normalnull ist die ohnehin laue Stimmung abgesackt, matt und gerade noch höflich wird applaudiert, nun müssen gröbere Keile gesetzt werden: eine Ehrung mit Schnätterätäng und allen Schikanen, die anwesende inzestuöse Mischpoke verleiht sich an diesem Abend selbst Meriten und Preise, *Edelweiß – Preis der deutschen Volksmusik* heißt das Ganze, und als erster Lobredner kommt *Klaus Töpfer* an den Bühnenrand, auch er mit den eckigen Bewegungen eines Mannes, der sich dafür schämt, daß es ihn gibt, und deshalb um so williger alles mitmacht; in den Rhein springen für die sich darüber scheckig lachende Chemische Industrie oder eben eine Laudatio halten über etwas, wovon er auch nichts versteht: *Carolin Reiber* erhält „in der Sparte Moderation“ ein *Edelweiß*, ihre Brüste hat sie zu einer Art *Silicon Valley* hochgeschnürt, in das Töpfer immerzu hineinplinsen muß, was ihm schwerfällt, da er kleiner ist als die aufgebockte Gewitterziege Reiber, deren Aggregatszustand zwischen valiumtranig und speedgehetzt wechselt. „Sie hat uns das Herz wieder geöffnet für unsere Volkslieder, ohne die wir alle viel ärmer wären“, behauptet Klaus ächzend und stierend und würde nur zu gerne über das Stück Formfleisch vor ihm herfallen, aber C. Reiber weiß, wie man sich brünftige Männer vom Halse hält: genauso blindlabern wie sie selber. „Ich habe mir Gedanken gemacht und sie aufgeschrieben“, beschwerdelos geht ihr der Satz, in dem mindestens sechs Lügen sich verbergen, über die Rollzunge, „wir Bayern, wir sind ja gar nicht so. Wir tun soviel für den Umweltschutz. Wir haben das sauberste Bier, und dazu den Maßkrug als wiederverwendbare Packung“, ungerührt und mit einem Lächeln, als sei der steifleinerne, mühsam konstruierte und auswendiggelernte Kopfsalat irgendwie herzlich komisch gemeint — eine derart zubetonierte, verbissene „Ich habe Humor und damit basta!“-Fassade hat sonst allenfalls noch A. Schwarzer zu bieten.

Knapp 10.000 segnen auch diesen Akt wider Menschen-, ja Völkerrecht ab, *Marie Luise Marjahn* robbt sich als Ablösung heran, verwechselt sich schon selbst mit ihrer Rolle als *Mutter Beimer* und schmeichelt und schleimt um einen Halbwüchsigen in Kniebundhosen herum, schwarzweißrot wie die Reichskriegsflaggge ist *Stefan Mross*, der kleine Trompeter und „Preisträger bei den Solisten“, gekleidet, mit 15 schon ein veritabler Nußknacker, „ich verspreche allen meinem Feehns, daß ich auch weiterhin viel gute Musik mache“, „weiterhin“ ist große Klasse, und dann schmeißt er sich in die Playbackpose wie ein altgedienter Sabbersack und mimt den Verzückten, klar spielt er das nicht selbst, und klar ist auch das Band von anderen bespielt, was macht’s, wenn eh alles wurscht ist.

Ein *Slavko Avsenik*, verfallen und wie eingeschweißt auch er sich bewegend, tapst herum und erhält einen Preis für Werweißwas, ein paar *Kastlbrunner Spatzen* sich nennende Folkloretrottel singen von heil und heile, die Vöglein, die Klampfe, der Bach, das Mühlrad und das Mädel, man ist „geboren zum Fröhlichsein“, und das Wirtshaus ist so richtig *urig*, d.h.: voller Nazis.

Der *Zillertaler Hochzeitsmarsch* peitscht das Publikum hoch, wie nadelgepiekt stürzt Michael zum Mikro, schreit „Machen Sie mit?“, „Jaah!“ johlt das nun endlich auf seine Kosten kommende Publikum zurück, „Aufstehn!“ kreischt Michael, ruckartig reißt sich alles aus den Sitzen, „linke Hand heben!“ brüllt er, aber wieso denn die linke?, fragt man sich, wird hier Rotfront gespielt?, „rechte Hand hoch!“ bellt der nächste Befehl, „Klatschen!“, und das tun sie dann auch, und dann ist Pause für die 9.500 zahlenden Komparsen.

Die Frau auf dem Platz hinter meinem, etwa 40 Jahre alt und mindestens die letzten zehn davon auf hartem Alk, holt einen Flachmann aus der Tasche, kippt einen guten Hieb und haut mir auf die Schulter: „Was schreibst du da eigentlich immer — schreibst du über uns?“ will sie wissen, ihre Nachbarin fällt ein, nein nein, winke ich ab, der Votograf Owsnitzki wirft mir im Vorbeigehen eine Kußhand zu, und das bringt die beiden zum Schweigen. Schwerfällig trottet das Publikum von Bierstand und Pissoir zurück, um gemäß der schwer über allem hängenden TV-Dramaturgie seine Aufgabe zu erfüllen und den Saal vollzumachen. „Zwei ganz pfundige Burschen, zwei ganz dicke Freunde“, kündigt uns nun Michael augenzwinkernd, wenn auch sichtlich lustlos, die Hauptattraktion des an Attraktionen so reichen Abends an. *Die Wildecker Herzbuben*, zwei von Stützstrumpf und Korsett notdürftig zusamengehaltene, insgesamt mehr flüssig denn fest wirkende Talgbrocken, schieben sich mit winzigen Trippelschrittchen über die Bühne, aus den Boxen tropft *Herzilein*, und nun, ein einziges Mal, herrscht echte Raserei, aus tiefstem Herzen kommende Begeisterung, diese beiden Mastzauseln sind die Helden deutscher Ethno-Musik, nach „Zugabe!“ wird frenetisch verlangt, Michael kann das nicht abwürgen, obwohl er muß, der Regisseur von *SAT 1* hebt die Stimme aus dem Off, und einige Sekunden lang scheint eine zweite deutsche Revolution zu drohen, entfacht aus demselben Motiv wie die erste, aber Michaels fadenscheiniges Versprechen, die Zugaben „nach der Aufzeichnung“ zu gewähren, beruhigt die Gemüter.

Marianne, mittlerweile ebenso sichtlich angewidert vom Zicken machenden Publikum wie ihr Pendant Michael, reißt sich noch einmal zusammen. „Was wären wir Musikanten ohne...“, hebt sie an, „Nein! Stop!“ geht erneut die Regie aus dem Off dazwischen, dreimal muß sie ihr bißchen Satz wiederholen, reproduziert dabei jedesmal mechanisch eine an Maria Schell geschulte Seelchenhaftigkeit, dann darf sie endlich fertigmachen und das Zauberwort sagen, „wunderschön“, obwohl's ihr lang schon keiner mehr glaubt, die Risse in der Makulatur sind meterdick, aber der Stiefel wird durchgezogen, punktum. „Wunderschön“ sind die Lieder des Komponisten *Jean Frankfurter*, der wiederum „die Interpreten, die jeden Abend an der Front stehen“, abhudelt, auch das *Medium Terzett*, immer wieder im Fernsehen, weil es eben irgendwann einmal im Fernsehen war, und so geht das weiter bis zum Jüngsten Tag, mehr Logik gibt's da nicht, kriegt bescheinigt, daß es „wunderschöne Musik“ mache, die Frankenfeld-Witwe *Lonny Kellner* wird dazu aufgeboten und exhumiert auftragsgemäß den toten Gatten, „ich hab damals neben Peter gesessen“, sinniert sie schwarzpaillettiert, wirft ein vertrauliches „Na, ihr drei“ in den Raum, und dann schmalzen die Kleiderständer ihre „Im Krug zum grünen Kranze“-Volkstümelei herunter, die komischerweise nahezu identisch ist mit dem Kram, den uns in den 70ern Kameraden wie *Zupfgeigenhansel, Liederjan* u.ä. als „basisdemokratische linke Kultur von unten“ andienen wollten. Wie man sich täuschen kann.

Und wieder rollt sich Michael heran, ein größeres Potential an Selbsthaß ist nicht vorstellbar, dieser Mann ist eine Seele von Unmensch. „Mit einem Charme, das ist der Wahnsinn“, kündigt er jetzt den „Nachwuchsstar“ an, *Patrick Lindner*, eine Art Sascha Hehn der Volksmusik mit glattem, von keinem Gedanken je verletzten Gesicht, „nimmst Du sie dankbar entgegen / die kleinen Dinge im Leben“, säuselt der Mann seine Einsichten, Erkenntnisse, seine Philosophie — sowas von weise ist der, der ist quasi schon vollweise.

Und noch immer ist es nicht vorbei. Noch ein Toter kommt auf Urlaub. „Alle Menschen kennen seine Lieder“, rafft Michael seine letzten Ressourcen an Ekel zusammen, „er ist der Grandseigneur der Volksmusik — wir ehren und verehren *Vico Torriani*!“

Noch einmal wuchtet sich Jürgen Wohlrabe aufs Podium, „ach, nicht schon wieder“, bittet meine Hinterfrau ebenso schwerzüngig wie vergeblich, man muß sie entgegennehmen, die Dinge des Lebens, das begreife ich nun, selbst wenn sie Wohlrabe heißen, eigentlich in den

Orbit befördert gehören und jetzt zu Vico Torriani sagen: „Sie sind ein Berliner, ein Stück zumindest“, aber der Greis aus der Schweiz läßt das nicht zu, „wenn ich hier bin, dann bin ich ein Berliner“, antwortet er geradezu tückisch, und dann fackelt er die Tour vom „kleinen Bub'“ und vom „Zauberland der Berge“ ab, der erste und einzige Profi an diesem Abend, mit Bewegungen, die vergleichsweise menschlich wirken, Hüftschwung links-rechts, Skilehrersex, Swing und Groove, der Mann ist ein Feger, ein Neger gar — so tief kann man fallen, daß man Vico Torriani liebt, weil man zweieinhalb Stunden seiner Lebenszeit hergab für Michael und Marianne und Klaus und Caroline und die ganze Bagage, die einem Gewalt antut allein dadurch, daß es sie gibt.

Ein Lied für Sting:
Platzkonzert im Regenwald

Den Regenwald besang Herr Sting
Nachdem er sich in ihm erging
Um beim Riesenbaumumhauen
Zähneknirschend zuzuschauen

Und ein Liedlein flink zu dichten
Übers Regenwaldvernichten
Voll Entsetzen, Wut und Trauer
Randvoll Zorn auf Baumumhauer

Und so sang er denn, der Sänger
Sang erst bang, sang bald noch bänger
Zu soßenweicher Weltmusik
Von Seele, Geist und Menschheitsglück

Womit es leider Essig wäre
Wg. schlechter Atmosphäre
Und aus der Erde, unsrer Mutter
Würde künftig Zierfischfutter

Herr Sting, der Wälder Schutzpatron
Einst Polizist, jetzt Gottes Sohn
Sang mit Christus-Munition
Viele Löcher ins Ozon

Sang sie auch gleich wieder zu
Rief emphatisch: „Ich und Du —
Wir alle retten die Natur!
Komm! Jetzt gleich! Ab 20 Uhr!“

Chor der Regenwaldarbeiter
Brummt und grummelt: „Warum schreit er?“
Die Bäume werden sterbenskrank
Von Sting-Gesang und Sinngestank

Das war zu herzlos formuliert
Herr Sting hat weinend protestiert:
Wenn er ihn auch zu Tode lallt
Er liebt ihn doch, den Regenwald

Wichtigmann Weihbreyschan

Wie ich einmal Diedrich Diederichsen war

Es war an diesem Abend in Bielefeld Mitte November, ich hing bei Kornfeld rum, dem Hardcore-Gitarristen, der sich als Hilfslehrer für Mathe verdingt und als Taxefahrer, um sein Trio zu machen, *Mania Steifen*, mit Hammel dem Stenz und Schlippi, der singt, als hätte er einen PR-Vertrag für *Pfanni*-Knödel unterschrieben, so, als hätte er unentwegt etwas Weiches, Zerdrücktes und Nachgiebiges auf den Stimmbändern, zwischen Zunge und Gaumen und im Rachenraum; tropfnaß waren wir durch die Gegend gelaufen, hatten im *Mint*, einem Treff der lokalen anpassungswilligen Oberschülerschaft, Pool gespielt, ich war Paul Newman gewesen in *The Hustler*, Haie der Großstadt auf ostwestfälisch, wie mit der Pocket-Kamera fotografiert, aber egal, die Kugeln liefen und nichts konnte mich aufhalten, nicht der weinerlich aus den Lautsprechern quäkende *Morrissey* und nicht die Sticheleien von Müller und Steini, die rauchend herumstanden und bedächtig am Malzwhisky zippten und die jetzt, nach einem kurzen Abstecher zu Müller, der noch eine Flaschen spanischen Brandy in die kommenden Stunden zu investieren sich bereitgefunden hatte, bei Kornfeld einliefen, um den Abend angemessen zu komplettieren, abzurunden, ihm gleichsam Würze, ja eine Geschichte einzuhauchen; gemeinsam berauschte man sich noch einmal am Erlebten, an Kieseritzkys Lesung aus dem *Buch der Desaster* am Nachmittag in der *Alten Spinnerei* im Rahmen einer *Bielefelder Literaturoffensive* — in Berlin sagt man *Irrenoffensive* — sich nennenden Kulturveranstaltung mit Kleinkindern, schlechter Musik und Hausmeister, mehr noch aber am anschließenden Essen im *Syrtaki*, einem Freßgriechen in der Bleichstraße, wo Kieseritzky Wachtel, eine einzelne Wachtel orderte und sie auf eine Weise verspeiste, die stark an seinen just noch vorgelesenen Satz „Cunnilingus ist wie Schafehüten: dunkle, einsame Arbeit" erinnerte; „Aaah, mein kleines Wachtelmädchen", lächelte ächzend der zartgliedrige Mann, packte den gebratenen Hühnervogel bei den Beinstümpfchen und schlug das Gebiß mittlings, im Schritt quasi, hinein, doch Dichter sind so, sonderlich, etwas abseitig, aber im Grunde nett, man liest und hört das ja immer wieder und so eben auch hier; zum Wiedereintauchen ins Gewöhnliche folgte das schon erwähnte Billard, das Schwenken der Queues, das Herausfummeln von Fluppen aus zerknautschten Packungen, Anlecken und In-die-Mundwinkel-wandern-Lassen, das Zusammenkneifen der Lider, die kurze Konzentration vor dem Stoß, das sachte Klack-Klack der Kugeln, Rituale des Boden-unter-die Füße-Kriegens allesamt, und jetzt, Bielefeld lag schon und pennte maßvoll-zufrieden, kam das Absacken, das Nachschmecken, das Interpretieren, die Analysis in Kornfelds Hütte, wo es endlich Musik gab, die diese Bezeichnung verdiente, *Jello Biafra* mußte ran, *Lard*, „Hör dir das an", stieß augenleuchtend Kornfeld hervor, „der Mann ist ein Gott", und du-duff-du-duff-duff zuckte der Schenkel, hämmerte der Kopf auf und nieder, Schneidezähne gruben sich in die Unterlippe, „der Mann ist ein Gott, seit den *Dead Kennedies* zieht der das durch, der Mann ist sowas von gut..." — „...jaja, ich weiß schon, ein Gott", fuhr ich Freund Kornfeld nun schneidend in die elegische Laberparade, „kannst du nicht endlich mal aufhören mit diesem verspießerten individualistischen Künstlerkrams, sieh den Mann doch mal in seinem soziokulturellen Kontext", blaffte ich den einigermaßen verblüfften Gitarristen an, „diese Heldenverehrung ist doch sentimental und beliebig, du mußt den Mann in seiner Funktion begreifen, das geht doch gar nicht gegen ihn, im Gegenteil, der Mann ist ja wichtig als Musiker und mit seinem *Alternative Tentacles*-Label, aber doch nicht, weil er genial ist, sondern wegen seiner Funktion!" heulte ich nun beinahe schon auf den immer kopfschüttelnd-entgeisterter mich aus kalten Augen anstarrenden Kornfeld ein, „da iss was dran", orakelte Müller mit vager Handbewegung in die Runde, „laß den Mann reden", aber Kornfeld schenkte ihm keinerlei Beachtung, sondern sich einen Brandy ein und warf mir nur ein verächtliches „Du hast doch wohl total das Rad ab!" hin, griff zum abgestellten Glas, das sich aber bereits Steini gegriffen und einverleibt hatte, der begütigend auf Kornfeld einsprach, „Laß doch, er meint das doch gar nicht so, er meint das doch ganz anders", was wiederum mich in höchste *Enragiertheit* — in solchen Angebervokabeln dachte und formulierte ich mittlerweile schon, so weit war es mit mir gekommen — versetzte, „Wohl!" schrie ich, „Genauso mein' ich das und keinen Deut anders!", „Na dann", seufzte Steini, zuckte wie resigniert die Achseln und nahm erneut das von Kornfeld wiedergefüllte Glas, während der nur „Das Letzte, das Allerletzte!" geradezu ausspie, und immer noch wullackte Jello Biafras Musik, auf die schon lange keiner mehr hörte, außer Müller vielleicht, der mit pendelndem Kopf auf Kornfelds IKEA-Couch hockte, was aber evtl. auch als ein Zeichen seiner Unentschiedenheit und seines Vermittelnwollens gedeutet werden konnte, geschenkt, ich war nun nicht mehr zu bremsen, ich war der *spex*-Mann, ich hatte sie drauf, die Termini des Wichtigwichtig, die Diktion des Hipsters, die Code- und Passwords des Dabeiseins, „Haha", funkelte ich Kornfeld jetzt geradezu dämonisch an und stieß ihn zur Seite, eilte an sein riesiges Plattenregal und schaute ihm beckmesserisch ins Auge, „und wo sehe ich hier die Musik des Ghettos, häh? Na, wo? Kein HipHop? Und wo ist der Reggae?" begann ich die Platten aus den Ständern zu zerren und hinter mich zu schleudern, gierend nach Negermusik, ich, Diedrich Diederichsen, D.D. bzw. *Dee Dee*, das Crossover aus Quintenzirkel und Sozialkundeleistungskurs, der Guru der hornbrillentragenden bürgerlichen Jugend, der Klassensprecher auf Lebenszeit, ich war der Mann, der mit Buddha persönlich frühstücken ging, täglich, haha, und ich hatte einen *stream of consciousness*, mein Gott, hatte ich einen *stream of consciousness*, „Rastaman vibration, ah ah positive“ röhrte ich, händeflirrend und hüft(„hip!“)-schwingend, mit geschlossenen Augen mich wiegend, „de angrieh man is an angrieh man“ jodelnd, zeitweilig ein schrilles „Hippieesk! Hippieesk!“ oder auch bloß „positive vibration“ einflechtend, unterlegt von Jello Biafra, guttural auf Kornfeld ein; der wandte sich schaudernd ab, griff zum x-ten Male zum natürlich von Steini stoisch bereits in sich versenkten Schnaps, während Müller, ganz gegen seine Gewohnheit, sehr entschieden in eine durch das Ende der Platte entstehende Pause fest, ja wie gegossen hineinsprach: „Reggae ist, neben Blasmusik und Rassentrennung, das Widerlichste, das die Menschheit je ersann“, und ich schrie, das sei jetzt kein „Dissing“ mehr, sondern zum „Raven“, jawohl, und das tat ich dann auch, konvulsivisch, ekstatisch und ruckzuckend, in einem Schwall aus heißen sauren Bröckchen direkt auf Kornfelds bedauerlicherweise auch noch von seiner Mutter handgeknüpften Teppich, und das nahm mir irgendwie meine gute, meine souveräne Position, regelrecht schlapp machte ich, Kornfeld führte mich dann zur Taxe und meinte, er nähme es mir „nicht krumm“; ich war viel zu apathisch, um ihm zu widersprechen, auf dem Weg mußte der Fahrer zweimal halten, die Diederichsen-Reste wollten nicht drinbleiben und schwappten in den Straßengraben, und zu Hause, in meinem alten Jugendzimmer, blätterte ich, es ging mir schon wieder gut genug dazu, in älteren *spex*-Nummern: „Gleich draußen vor den ratternden, expressionistischen Straßenbahnen in der rachitischen, ruinösen rheinischen Nacht“, oh Gott, das hatte ich geschrieben, ich, Diedrich Diederichsen, und ich fragte mich, wieso dann nicht gleich „rachitischen, ruinösen rheinischen Racht?“, stöhnend las ich weiter, „schlage ich die Kapuze über Kopf und Kragen zusammen ...“ und es dämmerte mir, daß, wenn's Kapüzchen und der Kragen / überm Kopf zusammenschlagen und — pfffhhhh — heiße Luft entweicht, das nicht am Kragen liegt und nicht an der Kapuze, und leer und getröstet schlief ich endlich ein und hielt den Rand eine ganze, ganze Nacht lang.

Kulis Nachtgedanken, letzte Folge

Hans-Joachim Kulenkampff in den Mund gelegt

Jean Pütz ist eine dumme Sau
Die Berghoff eine Schlampe
Marlène Charell, das Musgesicht
Kriegt einen auf die Lampe

Karl Moik wird an die Wand gestellt
Und standrechtlich erschossen
Geht dabei auch die Reiber drauf
Wird das erst recht begossen

Begossen wird auch Schautzers Max
Und zwar mit Thoelke-Sperma
Die Nosbusch wird tief eingetunkt
In eitel Kaloderma

Rudi Carell wird aufgemacht
Und Jauch gleich wieder zu
Paola kriegt Zementschuh an
Nun gibt sie endlich Ruh

Auch Gottschalk geht auf letzte Fahrt
Er kriegt es mit dem Bügel
Mike Krüger kneift die Fuge zu
Gerecht sind solche Prügel

Max Inzinger wird feingehackt
Und kommt fix in die Dose
Kurt Felix wird das Glied kupiert
Bei örtlicher Narkose

Verrecken muß jetzt auch der Heck
Sein Notruf kommt zu spät
„Black“ Fuchsberger läuft ahnungslos
Vors Bolzenschußgerät

Der Bolzen reißt den Arsch ihm auf
Vom Zeh bis zu der Krause
Und Kürtens Dieter schlägt lang hin
Zur letzten Sendepause

Den Bresser noch schnell hingemacht:
Mainz ist die Rache — „Gute Nacht.“

Bewegung 2. Juni

Es war Sonntag, der 2. Juni 1991. Ich saß mau und allein zuhause. Auf den Tag genau vor 24 Jahren hatte ein Polizist, der auf den Namen Kurras hörte, in Berlin den Studenten Benno Ohnesorg erschossen. Daraufhin beschlossen ein paar junge Leute, der Staatsmacht, die Kurras repräsentierte, nach Kräften in die Suppe zu spucken, nannten sich nach dem Datum des Mordes *Bewegung 2. Juni* und praktizierten den kleinen, sympathischen Terrorismus, den Terrorismus mit menschlichem Antlitz sozusagen, der sich von den eher verbissen und klerikal eingefärbten Bemühungen der *Rote Armee Fraktion* durch eine romantische *Robin Hood*-Attitüde und eine auch am eigenen Lustgewinn orientierte Zielsetzung wohltuend unterschied. Sie raubten Banken aus, steckten anschließend Hundertmarkscheine in Briefkästen, narrten und foppten die sie zu jener Zeit noch recht stümperhaft verfolgenden Sicherheitskräfte und entführten den CDU-Politiker Lorenz, dessen Gefangenschaft die wohl einzig spannende Zeit in einem ansonsten komplett sinnentleerten Leben gewesen sein dürfte; — dochdoch, wer jetzt mault und zetert und von Gewaltverherrlichung schwadroniert, der möge sich eine alte Michael Holm-Platte auflegen, „Barfuß im Regen", „Gimme gimme gimme" oder „Baby, du bist nicht alleine, mit all deinen Träumen, mit all deiner Liebe...", und dazu Michael „Bommi" Baumanns „Wie alles anfing" lesen, ein erregendes Buch, dessen hingebungsvolle Lektüre ich gerade dem jungen, noch begeisterungsfähigen Menschen wärmstens ans Herz legen möchte.

Die Gedanken schweiften weiter, zu Marcel Reich-Ranicki, der an diesem 2. Juni seinen 71. Geburtstag feierte. Schon seit Jahren wartete ich vergeblich darauf, daß die alte, chronisch muntere Krawallschachtel live im „Literarischen Quartett", die schwarzen Kniestrümpfe unter den übereinandergeschlagenen Beinen wie immer bis knapp an den Sack hochgerupft, Sigrid Löffler bespringen würde: „Aaah, Ssiegrriet, lassen Ssie dass doch jätzzt mit Kafka und Makss Frrisch und Herrrmann Hässsä! Kommän Ssie, Ssiegrriet, hebän Ssie dass Rröckchän! Zzeigän Ssie mierr Iehrrä Brüsstä! Aaah!"

Eine Meldung aus dem „Tagesspiegel" — in Berlin sagt man „Tajesspiejel", wie „Siejessparjel" — riß mich aus meiner sonderbaren, ja bizarren Stimmung: „Robert Gernhardt wird neuer Stadtschreiber von Bergen-Enkheim (Hessen). (...) Der Literaturpreis, der jetzt zum 18. Mal vergeben wird, ist mit einem Jahressalär von 30.000 DM und freier Wohnung im Bergener 'Stadtschreiberhäuschen' verbunden. (dpa)" Stadtschreiber? War das nicht eher ein Posten für kümmerliche Existenzen? Für Nieten und Nichtskönner, durchgefüttert aus Mitleid? Aber doch sicher kein Platz für Robert Gernhardt, den großen Lyriker und Zeichner, den mehrfachen frankfurter Wohnungsbesitzer und -vermieter, der von seinen Bewunderern, zu denen auch ich mich zählte, insgeheim „Bhwana Bob" genannt wurde?! Betrübt betrank ich mich solange, bis mir wieder leichter ums Herz war, und schrieb eine Postkarte: „Lieba Robat, jratuliere! Trinkenwa ma wieda ne Pulle ssusamm in Deim Berjen-Belsen oda watt? Schöne Jrüsse ooch, Dein Wiglaf".

Dann fiel ich in ein tiefes Delirium. Ich sah Robert Gernhardt durch frankfurter Vororte flanieren, eine Parkallee entlang. Rechts und links standen Denkmäler berühmter Männer, und Gernhardt schlug ihnen mit einem Regenschirm die Köpfe ab, kletterte hinauf und stellte sich so hinter den jeweils gerade von ihm Enthaupteten, daß es aussah, als sei er, Gernhardt, der Vielgeehrte; an anderen Monumenten machte er sich dergestalt zu schaffen, daß er mit der Spitze seines Schirms die Inschriften zerkratzte und mit einem dicken Filzstift „Ich Ich Ich" oder seinen Namen auf die Gedenktafeln schrieb.

Kaum aber war er im 'Stadtschreiberhäuschen' angekommen, jagte er mit einem launig-jovialen „Bin Vermieter, bin auch Dichter, mache Schluß mit euch

STADTSCHREIBER? WAR DAS NICHT EIN
POSTEN FÜR KÜMMERLICHE EXISTENZEN?
STADTSCHREIBER
FÜR NIETEN?
UND NICHTS-
KÖNNER?
DURCHGEFÜTTERT
AUS MITLEID?

Gelichter!“ all die Literaturluschen zum Tempel hinaus, die sich dort eingenistet hatten. Gabi Wohmann, Karin Struck, Reiner Kunze, Irene Dische, Bernhard Lassahn und Jürgen Fuchs rafften ihre Manuskripte zusammen und liefen mit wehenden Haaren davon; Peter Härtling, der in der Speisekammer trotzig eine Ein-Mann-Sitzblockade versuchte, wurde von Gernhardt kurzerhand vor die Tür gerollt: „Immer hinaus, was keine Miete zahlt!“ lachte er dem kloßartigen Manne hinterher.

Alsbald richtete ihm Almut, seine gute Frau, das Haus wieder nett her, und der Dichter begab sich an sein Spätwerk: „Der Mietvertrag im Spiegel der Kulturen“. Die vertriebenen Schriftsteller und -innen aber besetzten aus Wut und Trauer über ihren Hinauswurf sämtliche Wohnungen Robert Gernhardts, ließen sich's dort wohl sein, und „Bhwana Bob“ wurde die hartnäckige, freche Bande für den Rest seines Lebens nicht mehr los.

Auf meine Postkarte erhielt ich niemals Antwort. Inzwischen bin ich Stadtstreicher von Berlin-Schöneberg geworden und habe mit Kollegen das Benno Ohnesorg-Theater gegründet. Jedes Jahr am 2. Juni spielen wir „Literarisches Quartett“, Marcel und Sigrid dürfen sich kriegen und haben nach Herzenslust, und unseren Pinscher haben wir Kurras getauft.

Rhett Butler kehrt heim

Eine Fortsetzung

Rhett Butler stand lässig mit dem Rücken an eine Fenz gelehnt und kratzte sich die Hoden. „Hallo Liebes“, sagte er, „ich bin zurückgekommen.“ Scarlett O’Hara starrte ihn an, gleichermaßen ungläubig und feindselig. „Es ist nicht zu fassen“, dachte sie, „so dreist kann er nicht sein!“ Mit kalten Augen betrachtete sie den lächelnden Mann, der vor ihr stand: ein Goldkettchenschmierlapp mit öligem Charme, die obligate Schnottenbremse im Dumm-fickt-gut-Gesicht, ein Widerling mit Siegelring in halblangen, grellbunten Bermuda-Shorts. „Fehlen nur noch Stirnband, Skateboard und Walkman, und der veritable Freizeitidiot ist perfekt. Gah! Und sowas habe ich mal geliebt.“ Unwirsch warf sie den Kopf zurück, als wolle sie die Erscheinung abschütteln.

„Hey Kleines, was ist denn...“ Rhett Butler brachte seinen Satz nicht zuende. „Hat sich was mit ’Kleines’“, fuhr ihn Scarlett O’Hara an. „Hör mal, du Pisser, glaubst du im Ernst, du kannst hier einfach so wieder auflaufen, nachdem du mir *das hier* angetan hast?“ Wütend schlug sie die weitgeschnittene Jacke zurück wie einen Theatervorhang: Ihr Bauch war ein praller Globus, und durch den Stoff eines stramm sitzenden T-Shirts zeichnete sich der Nabel ab wie der Gummistöpsel eines Wasserballs.

„Oh Scarlett!“ Rhett Butlers Timbre war Mousse au chocolat. „Das ist ja wundervoll! Wir werden ein Baby haben!“ Strahlend breitete er die Arme aus und schritt, mit einem Anflug früherer Eleganz, auf sie zu. „Bleib mir vom Hals, du Arschloch!“ Scarlett O’Hara hielt sich mit Mühe im Zaum. „Ich hatte noch nie Lust auf ein Balg, und schon gar nicht auf eins von dir! Du hast doch Charakter-AIDS! Machst mich dick, und dann verpißt du dich, und das Schärfste ist, daß du dieselbe Nummer auch noch mit meinen vier besten Freundinnen durchgezogen hast!“ Sie schöpfte kurz Atem. „Es darf nicht wahr sein: Schwängert der Typ fünf Frauen, macht die Fliege und taucht hier auf, als wäre nichts gewesen. Ich glaub es einfach nicht!"

„Aber Scarlett!" Rhett Butlers Bariton samtete. „Das zählt doch jetzt alles nicht mehr. Klar, ich hab mich übel benommen, aber jetzt, jetzt werden wir eine Familie sein. Wir werden ein Heim haben. Ein Heim!"

Scarlett O'Hara nahm einen Revolver aus der Jackentasche und schoß. Sie traf Rhett Butler in den linken Oberschenkel. Er sah sie fassungslos an, griff nach seinem Bein und brach stöhnend ins Knie. „Scarlett! Liebes! Versteh doch!" Die zweite Kugel traf ihn ins rechte Bein. „Scarlett! Bitte! Das kannst du doch nicht machen! Immerhin bin ich der Vater deines Kindes!"

Scarlett O'Hara stand hochaufgerichtet über Rhett Butler. Sie zielte sorgfältig, und dann ließ sie Piff und Paff, die beiden guten Freunde, aus der Pistole: linke Schulter, rechte Schulter. Rhett Butler wimmerte und kotzte. „Scarlett! Ich begreife das nicht! Ihr wollt das doch alle, Kinderkriegen, den ganzen Hormonkrempel, das duselige, debile Gelächle. Als ich heute nachmittag durch die Straßen lief, sah ich nichts als Bäuche! Schwangere rollten auf mich zu! Ich hatte Mühe, durchzuhuschen!" Sein Grinsen war ein Fehler. Sie schoß es ihm aus dem Gesicht. Ihre letzte Kugel, in seinen Sack, traf bereits eine Leiche.

Ein jäher Schmerz durchfuhr ihren Körper, eine Welle aus elektrischen Schlägen. Scarlett O'Hara ließ den Revolver fallen und ging nach Hause, gebären.

Wimmern mit Wim

Ich träumte, ich ginge mit Ringelnatz zum Bankenball. Und ich gab dem Abs einen ganz kleinen Klaps. Und da war er ein Japs. Ich wachte auf und fand etwas in der Post: „Wir laden Sie herzlich ein zur Weltpremiere von Wim Wenders' 'Bis ans Ende der Welt' am 10. September in Berlin" (...) „Eine Reise in das Land der Träume..." — Wie? Ist er jetzt bei *Roncalli* gelandet? Oder bei Traumpfleger André Heller? „Eine Reise rund um die Erde..." Oha. Geht das denn? Und warum sind da immer diese vielen PünktchenPünktchenPünktchen...? Je dürftiger und diffuser, desto PünktchenPünktchenPünktchen...? „Im Anschluß daran bitten wir Sie zur Premierenfeier mit Büffet, zu der wir Sie mit unserem Shuttle-Service hin und auch wieder zurück bringen werden." (...) „Nach einer Originalidee von Wim Wenders und Solveig Dommartin". Ideen haben diese Leute — mehr noch: „Originalideen"! Große Sache das. Pech, daß ein hartnäckiges Gefühl von Popeligkeit entsteht, wenn die Phantasien von der Großen Welt auf eine sehr endliche Geschichte, auf eine simple Autofahrt zum Büffet der Träume, zusammenschrumpeln. Der Abend mit Brille wird gesponsort von:

Bank für Gemeinwirtschaft
Bauknecht
Berliner Bank
Berliner Kindl
Deutz & Geldermann
Geyer Werke
Kodak
Langnese
Mercedes Benz
Regierender Bürgermeister von Berlin
Senator für kulturelle Angelegenheiten

Apropos Film: Der letzte, nie gezeigte von Sam Peckinpah hieß:

Bringt mir die Eier
Von Hanns Martin Schleyer!

Unterm Dirndl wird gejüdelt
Maxim Biller ist „Tutti Frutti"

Ah ja. So sieht der aus. Maxim Biller, der „hundert zeilen haß"-Mann von *Tempo*. Klein, mickrig, bebrillt. Halbkahler Büchermenschenschädel, wie abgefressen, als sei die Ziege zum Grasen drangewesen. Wie kommt das nur, daß den Teilnehmern am sog. literarischen Leben permanent die Härchen ausfallen? Ist's das verzweifelt-existenzielle Raufen? Oder das Saufen? Wucht der Welt und alles? — Man weiß es nicht.

Maxim Biller legt den Kopf schief. Gewichtigkeit soll der Kürbis abstrahlen und wird doch eher von etwas stark Koboldmakihaftem umweht. Dunkel bohrt sich das Autorenauge in uns hinein; dieser Mann heischt Mitleid. Und hat es verdient. Solche Leute belesen zu müssen: Buchhändlerinnen, die schon etwas angegammelten Leiber mit Nahtstrumpf- und Kostüm-Chic verhüllt und die Schubladen randvoll mit Selbstgeschriebenem. Ölige, ganzganz Glatte, richtige *Tempo*-Leser aus dem Bilderbuch des gehobenen Hohlkopfs. Die unvermeidlichen Germanisten mit dem gebraucht gekauften Bachmann-Blick; Schwerintensive, Vollgrübler, Besserwisser und Diskutierer. Vor diesen leblosen Krücken und Flaschen muß Maxim Biller den ewigen Pennäler machen. Den kann er, den hat er drauf. In einen dicken Ledersessel eingesunken, schafft es der sprechende Kopf knapp über die schwere Tischplatte der *Buchhandlung Schutt* in Frankfurt-Bornheim, „Bennem", wie die Hiesigen sagen. Die Kneipen in der Gegend heißen „etc.pp." oder „Dippche", es gibt einen „Fairsicherungsladen", eine „Waffel-Stubb" und einen Klamottenladen namens „Dr. Jackett & Mrs. Kleid". Wieso nicht gleich „Sakko und Jacketti"? Die Mischpoke aus angejahrtem und naßforsch-neuem Bürgertum verträgt sich bestens, man möchte nichts als ungestört seine Geschäfte abwickeln. Das möchte auch Herr Biller, nur benötigt er dazu etwas

Krach und Radau; die schon von Rainald Goetz, dem Bluter von Klagenfurt, erfolgreich vorgeführte Betriebsnudelmethode — Ist der Zirkus noch so klein, einer muß der Affe sein — beherrscht Biller zumindest in den Grundmustern.

„Das Herzstück" seines Erzählungsbandes „Wenn ich einmal reich und tot bin" wolle er vorlesen, kündigt uns mit ernster Miene der Autor an, „Harlem Holocaust" heißt das Ding. Biller hebt an, salbungsvoll und sehr von sich ergriffen: *„Wir saßen wie fast jeden Samstag mittag im Klub Maon, und Warszawski, der immer so tat, als ob er um ein Haar deportiert worden wäre, ließ seine Hand auf Inas Knie fallen."* Ein Damenschriftsteller liest sich vor, mokant und kokett, vor jedem Bonmot hebt er — Achtung, gleich kommt's — die kehlige Stimme. Charmant und überaus flüssig plätschert das Geplauder, in das Merkauf- und Habacht-Vokabeln wie „Scheiße", „Mord", „Tod" oder eben „Shoah" und „Holocaust" — quasi als Wecker und Schulterrüttler — eingeflochten sind, damit man nicht einnickt, sondern sich eben ein bißchen süffisant gekitzelt fühlen darf. Es ist lahm und öde, Biller liest und liest, „Psst! Sei leise! Obacht! Kunst!" auf den Stimmbändern, die Frau neben mir blättert in einem herumliegenden Yoga-Buch, alles brät und brütet vor sich hin. Die Kunst des name-dropping wird vorgeführt: *„Ach ja, Claude Lanzmann... Sein einziges wirkliches historisches Verdienst war, daß er Simone de Beauvoir all die Orgasmen verpaßte, die Sartre ihr schuldig blieb."*

Besonders gern verquickt Herr Biller die Worte „Jude" und „Vernichtungslager" mit vielviel Sex, der gerne auch ein bißchen bizarr sein darf. Der Trick ist denkbar einfach und durchschaubar, aber er funktioniert hundertprozentig: Biller, nachdem er endlich fertiggelesen hat, bietet „Fragen und Diskussionen" an, und augenblicklich ergießen sich Empörung, Wut, Trauer und dergleichen eingebildete Gefühle auf Biller, der eben kein „Provokateur" ist, wie man ihm mit überschnappender Stimme vorwirft, sondern ein Buchhalter der Wörter, ein Als-ob-Exhibitionist, der Entblößung simuliert, aber bloß mit Kondom onaniert; ein „Tutti Frutti"-Literat. Die anwesenden Philosemiten aber ärgern sich maßlos; Biller, der Trittbrettbohrer und Dünnbrettfahrer der Geschichte, bringt die bigotten Schmierlappen dem Infarkt ein schönes Stück näher. Das ist angenehm, aber selbst dafür kann Biller nichts, er ruft nur die notorische moralische Entrüstung ab, mit der man sich gern in die Brust schmeißt als Guter Mensch von Berufs wegen: „Das darf man nicht schreiben, das darf man nicht einmal denken" — dabei ist gar nichts da außer Getue und Getrommel.

„Er nahm ein gigantisches schwarz-genopptes Präservativ heraus, das mit einem halben Dutzend weiß-blauer Davidsterne verziert war, und rollte es langsam über seinen anschwellenden Riesenpenis. Dann sagte er, diesmal wieder ruhig und fast ein wenig quengelig: „Sie müssen mich verstehen..." „Ja, natürlich", erwiderte Ina. „Sie wollen mich verstehen?" „Ja." „Das können Sie doch gar nicht." „Nein..." „Haben Sie mit Juden schon geschlafen?" „Nein." „Bereuen Sie das?" „Ja." „Was gibt es daran zu bereuen?" „Ich... weiß nicht." „Sie werden jetzt gleich mit mir schlafen." „Ja." „Aber vorher", sagte Warszawski kalt und reglos, „werde ich ein bißchen Ihre faschistische Schicksenmuschi lecken." „Ja, natürlich", sagte Ina, sie war abwesend, sie wußte nicht, was mit ihr passierte. Im nächsten Moment sah sie, wie dieser jüdische Teufel vor ihr kniete und seinen rohen, roten Kopf in ihrem Schoß versenkte, seine pelzige Zunge klatschte gegen ihre Schamlippen, er zog mit den Zähnen an ihrer Klitoris, er biß in ihre Schenkel, und es dauerte nicht lange, bis sie vollkommen das Denken vergaß, und so hörte sie sich, auf einmal, mit einem fremden Akzent sagen: „Oj, was ich hob sej lib, reb Warszawski!" *Und dann, immer noch in Trance, fügte sie in einem wilden, besinnungslosen, archaischen Schrei auf Hochdeutsch hinzu: „Ihr Volk tut mir ja so*

schrecklich leid!" Worauf sie in seinen hungrigen jüdischen Schlund hineinejakulierte."

Es ist „Stellen"-Schriftstellerei, gediegenes, leeres Stroh, auf das à la „zornig und jung" eingedroschen wird. Für sowas werden Apfelbäumchen umgehackt.

Wütend geht die Aufgeregtheit hin und her im Saal, Biller weicht aus, stellt Fang- und Gegenfragen, entzieht sich permanent, ist dem Anlaß der Debatte nicht im mindesten gewachsen; nichts kann bewältigt werden, auch mit Zoten nicht, der Brei aus Schuld und Verdrängung kocht hoch, Maxim Biller hat nur mal eben ein bißchen das Gas unter dem Topf aufgedreht.

„Das finde ich jetzt aber gemein, diese aggressive Stimmung hier", ruft, den Tränen nahe, eine dieser Schnepfen, die einen Kopf nur tragen, weil Friseure auch leben wollen. Biller, längst Voyeur einer Live-Talkshow, die ihn nie interessiert hat, lächelt in sich hinein, ein typisches Geschöpf der 80er Jahre, blutleer, enticht, ein Burn-Out auf Beinen, ausgestattet mit Ehrgeiz, Fleiß u.ä. Sekundärtugenden, erfolgsorientiert und clever genug, eine Marktlücke zu erkennen und für sich zu nutzen: Was hat noch keiner gemacht, mit welchem Scheiß kann ich mich jetzt ins Modegerede bringen? Maxim Biller hat sein Erfolgsrezept gefunden, mit dem er sehr rasch reich und tot sein wird. Es heißt: Unterm Dirndl wird gejüdelt. Helau.

Savoir vivre

Bremen Hauptbahnhof, mittags, kurz vor der Abfahrt nach Hannover hüpft noch ein junger Hippie ins Abteil, gelbe Treter am Fuß und ein buntes Band um die schwarzen Zauselocken, schleudert die Nylontasche ins Gepäcknetz, jumpt zurück auf den Gang, reißt das Fenster herunter und verabschiedet sich, exzessiv gestikulierend und im gurgelnden Argot der Südfranzosen schwervital schnatternd, von einer vergleichsweise gedämpft wirkenden jungen Frau. Zug ruckt an, er Winke-Winke, flitzt dem Schaffner — „Zugbegleiter" heißt das jetzt — hinterher, wie lange man fahre bis Marseille, zappelt zurück ins Abteil, knallt sich in den Sitz, springt wieder auf und holt sich einen *amnesty international*-Menschenrechtsverletzungsreport aus dem Gepäck, blättert ihn hektisch an, um dann sehr zügig darüber einzunicken, der hell ins Abteil hineinscheinenden Sonne wie seiner düsteren Lektüre gleichermaßen zum Trotz: Liberté, Fraternité, fatigué, Scheißegalité bzw. The whole life is vive la merde, wie wir Frankophilen so sagen.

Pöterchens Mondfahrt

oder: Ein Kampf um Röhm

Michael Kühnen, der Mann mit dem Führerschein, ist tot

Ein Beerdigungsbericht

„... während die Chefredakteure von *Stern* und *Tempo* sich noch darum zanken, wer zuerst Michael Kühnens Tagebücher entdecken darf, spielt die Kapelle bereits seine Lieblingsmelodie: Verdamp lang her, verdamp lang. Solist ist Thomas Freitag, der auch die Grabrede halten wird. 'Mein Führer, ich komme!' — mit diesen frohen Worten verabschiedete sich Kühnen am 25.4.1991 für immer von seinen Anhängern, die sich jetzt, in einer gemeinsamen Erinnerungswehrsportübung, noch einmal symbolisch nach der Seife bücken. Bevor gleich der Wettkampf im Hitlergrüßen am offenen Grabe beginnt, hier noch einer kurzer Rückblick auf das Leben Michael Kühnens, den viele zärtlich als 'Mutter der Bewegung' verehrten. Wie Helmut Schmidt und Richard von Weizsäcker war er Leutnant und galt unter seinesgleichen — er sprach fließend deutsch — als Intellektueller. Der Versuch, auf der Bundeswehrhochschule Hamburg den Führerschein Erster Klasse nachzumachen, kostete ihn seine Karriere. Bei allen Rückschlägen aber verlor Kühnen nie seinen sprichwörtlichen Humor: Wohl niemand wußte einen guten Judenwitz so zu schätzen wie er. Sein Wahlspruch 'Ob grün, ob braun — ich pfeife auf die Frau'n' brachte ihm nicht nur Freunde ein; unverdrossen aber streckte er seine Fühler nicht nur im eigenen Lager, sondern auch bei Esoterikern, Autonomen und Grünen aus. Seinen letzten Wunsch aber konnte er sich nicht mehr erfüllen: Als Verbündeter Saddam Husseins wollte er gegen Amerikaner und Israelis ins Ölfeld ziehen, doch eine kleine, sympathische Schwäche — sein Immunsystem — vereitelte diesen Plan. Saddam Hussein, längst als Hitlers Wünschelrutengänger in die deutsche

Geschichte eingegangen, hat seinen Freund nicht vergessen und Veilchen geschickt — ein schwacher Trost dafür, daß Michael Kühnen seine Mission als Wüstenfuchs, als quasi-humanoide B-Waffe, nicht mehr erfüllen konnte; nur allzugern hätte er, wie er das selbst einmal launig formulierte, 'den Amis und den Juden so richtig den Arsch aufgerissen' — nun, es hat nicht sollen sein. Aber ich sehe, soeben beendet Thomas Freitag die Grabrede, in manch braunem Auge geht eine Träne auf Reisen. Unser größtes Mitgefühl aber gilt den Hinterbliebenen: Michael Kühnen hinterläßt drei rassereine Schäferhunde aus erster Ehe ..."

Die Begegnung

„Machen Sie sich bitte keine Umstände, Herr Schäuble — bleiben Sie sitzen."

Was? Höre ich da Widerworte? „Geschmacklos"? Gern. „Gemein"? Nein, eigentlich nicht. „Behindertenfeindlich"? Nie im Leben. Behindertenfeindlich ist Schäuble, der Hochleistungsbehinderte, der Mega-, ja Turbokrüppel, dieses Monstrum an Jetzt-erst-recht-Verblendetheit. Als Normalkrüppel kann man bei diesem Innenminister einpacken. Wer für 37 Pfennig/Stunde für Daimler Benz Dichtungsringe puhlt, hat dankbar zu sein, daß man ihm Arbeit gab und er wenigstens ein bißchen ein nützliches Mitglied dieser klasse Gesellschaft sein darf, anstatt sauber und gepflegt euthanasiert zu werden. Und sollte ein derart in die Stupidität hinein Befürsorgter einmal den Bettel hinschmeißen und erklären: „Nein!", ein mildes, rundes Innenministergesicht lächelte via TV auf ihn herab, und aus Schäuble spräche es mit der Sanftheit, hinter der Panzerplatten zuhause sind: „Aber nicht doch. Es geht schon. Man muß nur wollen. Den Rest regelt der christliche Glaube." Und wehe nicht. Herrenmenschle mit Papi-Attitüde und Rolli-Bonus bleibt Herrenmenschle. Dann doch lieber so:

Nicht nur, daß ich Schinken heiße —
Ich finde auch mein Hinken Scheiße.

Der Alzheimer Bote: Klamauk im Hause Gauck

Die Entstasifizierung als christliches Dramolett

Spätestens seit dem 9. November 1989 läßt die allmorgendliche Unratbewältigung resp. Zeitungslektüre nur den einen Schluß zu: So deutsch kommen wir nicht mehr zusammen. Aber dann geht es doch jeden Tag ein Stückchen weiter. Im August 1991 etwa jault unsere herrliche, demokratiegestählte *Presselandschaft,* die sich bequem in einem einzigen Blatt, dem *Alzheimer Boten,* zusammenfassen ließe, über ein Pütschlein gegen den Billigwodka Gorbatschow und die, so wörtlich, „Gleichschaltung der sowjetischen Medien“ — unisono und identisch bis in die Kommafehler, versteht sich. Dasselbe Schauspiel kann man wenige Monate später bei der Ernennung von Michail G. zum „Ehrendeutschen“ betrachten, eine Auszeichnung zum Dank für geleistete Dienste als nützlicher Idiot; die US-amerikanische Variante dieses Hohngelächters bzw. Fußtritts heißt, nebenbei, „Man of the Year“: Richtig Pluralismus ist erst, wenn alle freiwillig dasselbe sagen, und zwar genau das, was ihnen aufgetragen wurde, vorgetragen natürlich mit dem Gestus, man riskiere seinen Hals für diesen journalistischen Wagemut.

Besonders rührend werden die Damen und Herren Berufskriecher, wenn es ums Höchste, ums Vaterland geht. Als Endlosband wird die neue deutsche Nationalhymne eingelegt: „Non, je ne regrette rien“ in der „Bacardi Feeling“-DanceMix-Version, eine Mischung aus Gemütlichkeit, Lambada und Stechschritt, und die frisch umgeschriebenen Geschichtsbücher erscheinen als täglicher Versuchsballon und Vorabdruck im *Alzheimer Boten.* Ohne Haß kein Spaß: Die Auslieferung Erich Honeckers, der den Fehler begangen hat, weder Autobahnen gebaut noch ein paar Millionen Menschen umgebracht zu haben, und eben deshalb bei seinen Landsleuten schlecht angesehen ist und nicht Bundespräsident werden kann, wird mit einer Hartnäckigkeit betrieben, die Massenmörder wie Eichmann oder Mengele niemals fürchten mußten.

Das Zauberwort beim Frisieren der historischen Bilanzen heißt *Stasi* bzw. „Schdohsi! Schdohsi!", wie es aus den Mündern von ca. 16 Millionen Vorgartenzwergen erklingt, die sich entweder wechselseitig „Ach, ich armes Opfer, schluchz!"-Bescheinigungen ausstellen oder mit erigierten Fingern aufeinander zeigen, sehr zur wiehernden Freude der annektierenden Westdeutschen und ihrer Lohnschreiber vom *Alzheimer Boten.* Kein Blatt kann man aufschlagen, aus dem einen nicht der christliche Bezichtigungs- und Absolutionskunsthonig entgegentrieft. Klamauk im Hause Gauck heißt das Rührstück, nach nur einem Tag sind die Anträge auf Akteneinsicht vergriffen, und wer das Glück hat, eine (seine) Akte zu finden, schwenkt sie und krakeelt und zetert, auf daß ihn auch ja jeder sehe. Topföde Existenzen versuchen, ihre schlappen Biographien mit dem Anstrich von Konspiration und Verfolgung aufzupeppen, ihnen nachträglich Sport-Spiel-Spannung einzuhauchen. „Aufarbeiten" heißt das im Tranfunzeljargon — warum eigentlich nicht aufessen oder aufwischen oder, frei nach Fassbinder, „Angst arbeiten Camembert auf"? Würdelos jesusmäßig geht es zu, jeder schlechte Lyriker und jeder Falschparker wirft sich in die Brust mit dem Versuch, sich interessant zu machen: Wie er doch gegen das System war und wie er hat bluten und büßen müssen dafür.

Den Fibel- und Bibelbildchen der sog. Opfer entsprechen die monströs aufgeblasenen der Täter: Tiere in Menschengestalt, lautlose Killer, eiskalte Apparatschiks — so hat man sie sich vorzustellen, die Mitarbeiter der Fa. *Stasi,* deren Opfer selbstverständlich *wir alle,* also ca. sechs Milliarden Erdbewohner, waren, zumindest potentiell.

Im Akt der Wiedervereinigung, von deren Wesen und Ästhetik man schon einen adäquaten Eindruck erhielt, als am 10. November 1989 die Siegermächte Brandt, Genscher, Kohl, Wohlrabe, Momper, Diepgen usw. das *Lied der Deutschen* in einer dem Inhalt der Schnulze sehr angemessenen Form stimmbruchreif daherkrächzten — Hanns Martin Schleyers Freikorpsgesichtszüge vermißte man irgendwie —, im Gewaltakt der *deutschen Einigung* fällt den ehemaligen Stasi-Leuten die Rolle der Watschenmänner zu, bei denen jeder mal hinlangen, -spucken und -treten darf, wobei die Heftigkeit proportional zur persönlichen Feigheit steigt. Die Stasi wird zum globalen Entsorgungspark und Kotbeutel, zu dem Paar Schuhe, in das man günstigerweise alles hineinschieben kann.

„Ein Auschwitz der Seelen" nennt Jürgen Fuchs im *Alzheimer Boten,* der in diesem Fall 'Die Welt' heißt, die ehemalige DDR, und niemand lacht oder schickt ihn dahin, wo er hingehört: in die Gummizelle. Betroffen wird mit dem Kopfe gewackelt und geheult wie beim Zwiebelschneiden, und all das nichtgelittene Leid, all die nichtvorhandenen Narben — die wenigen Ausnahmen bestätigen die Regel — werden vorgezeigt wie Reliquien und medial für ganzganz wahr begutachtet, weil: So preiswert und günstig, daß sie's ganz umsonst tun, sind Denunzianten sonst nicht zu haben, und die etwas prominenteren, weil des Schreibens unkundigen Figuren wie Lutz Rathenow, die ein bißchen Kleingeld und Ruhm einsackeln dürfen, werden schon demnächst, ähnlich wie Herr Gorbatschow, aber weniger gut dotiert, nach Gebrauch und ohne Flaschenpfand zum Leergut gegeben. Nicht, daß mir dann das Herz brechen wird.

„In der DDR konnte sich jeder aussuchen, ob er Jude sein wollte oder nicht", trötet Bärbel Bohley, die etwa so malen kann wie Stephan Krawczyk singen, kokett ins KZ-Horn, und kein Henryk M. Broder, der doch sonst seinen Mein-ist-die-Rache-Feudelbart in jede Talkshow hängt und „Alles Nazis außer Mutti!" grollt, zieht die Bohley dafür am Öhrchen und zur Rechenschaft, weil man als deutscher Medien- und Berufsjude eben zuallererst deutscher Antikommunist ist. Lieber schon sondert man demonstrative Empörung ab über einen Sascha Anderson, der durch das Biermannsche „Arschloch" beinahe geadelt wurde; daß einer, der so entsetzlich grausame Gedichte schreibt wie Anderson, auch einmal etwas vergleichsweise Nützliches tun wollte und bei der Stasi anheuerte, ist weit weniger degoutant als das armrudernde, wehleidige und anbiedernde Opfergetue der angeblich oder tatsächlich Ausgespähten und Bespitzelten.

Doch auch die Stasi ist nicht frei von Schuld: Wer eine geballte Harmlosigkeit wie Christa Wolf observiert, wer jedem Betbruder und Umweltheini qua Überwachung das Gefühl von Wichtigkeit gibt, darf sich über daraus resultierende spätere Popularität der Dissidenten nicht wundern, sondern muß laut und deutlich sagen: „Scheiße! Wir haben alles falsch gemacht."

Wieviel Kitsch, wieviel schlechte Kunst — ich sage nochmals: Lutz Rathenow — wäre der Welt erspart geblieben, hätte sich die *Politbüro* genannte Seniorentruppe in den 80er Jahren nicht die Decke über den Kopf gezogen und sich solange totgestellt, bis sie tatsächlich tot war, hätte die Stasi souverän und lässig gehandelt und nicht dieselbe Perfektion angestrebt wie die westdeutsche Konkurrenz vom *Verfassungsschutz,* der z.B. gleich 65 Agenten auf die Westberliner *Alternative Liste* ansetzte, obwohl für diese Ansammlung mehrheitlich staatsbejahender trüber Tassen eine halbe Planstelle reichlich bemessen gewesen wäre. (Ja ja: Wenn das Wörtchen wenn nicht wär, dann wär mein Vater Millionär bzw. es geht nicht ums Hinterherjammern, nur ums Richtigstellen.)

Im *Alzheimer Boten* aber wird die Stasi nicht mit Vergleichbarem wie dem Verfassungsschutz verglichen, sondern mit der *Gestapo,* die nach offizieller Lesart ein doch eher bedeutungsloser, ungefährlicher Haufen von Fehlgeleiteten war; nein, die Stasi ist als Top-Terrorbande des Jahrhunderts enttarnt, so will es der Glaube, der

Berge (und eben auch Nazi-Leichenberge) versetzen kann.

Und so dürfen wir uns in den nächsten Jahren noch auf viele viele spannende Enthüllungsstories freuen, z.B. auf die, daß Mielke, Schalck & Co. westliche Musiker umbringen ließen, und das nur aus Rache für jahrzehntelanges Anhörenmüssen von Puhdys, Karat oder Udo Lindenberg. John Lennon, Marc Bolan, Jimi Hendrix, Janis Joplin, Jim Morrison, Chet Baker, Freddy Mercury und viele andere starben, der *Alzheimer Bote* wird es berichten und beweisen, durch ruchlose Stasi-Kreaturen, die so abgefeimt vorgingen, daß man sie beinah, beinah nicht erwischt hätte. Ein Beispiel für die beispiellose Heimtücke der DDR-Geheimdienstler: Dem Sex Pistols-Bassisten Sid Vicious, der mit seiner Version von „My Way" die westliche Lebensweise verherrlichte, vergiftete die Stasi sein Heroin.

Königliche Roheit

Berlin-Chamissoplatz, ein Spätsommerabend, nett sitzen und plaudern beim — klar — Italiener. Die junge Kollegin, 26 ist sie, schreibt ihre Lohn- und Brotarbeit bevorzugt über das, was ihre Redakteurinnen, so erzählt sie mit mildem Lächeln, stets mit großer Ernsthaftigkeit „Frauenthemen" nennen, also z.B. sog. LebensArt, Essen & Trinken, schöner, schneller, weiter Wohnen, das Horoskop, partnerschaftliche Demokratie bzw. natürlich harmonische Partnerschaft, die Herbstkollektion, tolle Frauen, Mutterschaft, Brustkrebs und Feminismus. An was sie gerade dransäße, wird sie gefragt, und sie stochert in ihrem Gemüseauflauf und sagt: „Diese KZ-Hinterbliebene, von der ich neulich erzählt hab, die hab ich jetzt im Rohbau fertig", vulgo: Das Porträt einer Frau, deren Eltern im KZ den deutschen Tod starben, steht im großen und ganzen.

Was hatte sie für ein Glück, daß an diesem Abend nicht die Korona am Tisch hockte, die so gern von „Verrohung beginnt bei der Sprache", „Sensibilität" usw. salbadert und stammelt, die Auschwitz und Millionen Tote für sich abgegriffen und gepachtet hat und die sich am liebsten in Talkshowrunden reihum im Uhrzeigersinn schämt: „Schämen Sie sich schon mal ein bißchen warm, Herr Hartung, Sie sind nach Frau Rosh gleich der Nächste." Die hätten aber kräftig „Dududu" und „Aberaber" gesagt.

Sag's mit Blumen

Im *Plus*-Markt, wie *Prima leben und sparen*, nachmittags halb fünf, eine Frau Ende 30 schiebt den Gitterwagen durch die Gänge, die Hüfte aus konzentrischen Kreisen kann durch weiten Blouson und breiten Nietengurt ebensowenig im Zaum gehalten werden wie der Hängehintern durch die knallenge Tigerhose, 16 Dosen *Hansa*-Pils lädt sie sich ein und eine Flasche *Gorbatschow*-Wodka. Hat der Fusel das wirklich verdient, daß man ihn nach solch einem Mann nennt? Stolpernd, schwankend und zittrig geht es mühsam voran, weniger aktueller Trunkenheit wegen als aus durch jahrelangen Abusus herbeigeführter Totalzerrüttung, und aus dem rot-dunsigen Gesichtslappen unter filzigen Haaren grummelt und flucht es, sie kriegt das Portemonnaie nicht auf, bringt den Reißverschluß nicht zwischen die tremolierenden Finger, endlich schafft sie es doch, „Einundzwanzigmarkzwei, bitte", und dann wird der Einkauf abgerundet, ja zur Vollendung gebracht durch ein Sträußchen lila Blumen, cellophanverpackt, „das macht dann nochmal Einsfünfzig."

Alkoholismus ist derartig deprimierend, man möchte sich auf der Stelle besaufen.

Keine Lüge, keine Religion

Freitag, 5. Mai 1989, Lohmeyerstr. 5, Berlin-Charlottenburg

Man soll nicht pathetisch werden, wenn einer tot ist. Die Gucklöcher gehen irgendwann auf und schließen sich irgendwann wieder, so ist das eben, so geht das.

Freitagabend um halb acht in der *Berliner Abendschau:* „Im Alter von 65 Jahren ... Wolfgang Neuss ... Vor einer halben Stunde in seiner Wohnung gestorben ... Die Polizei schließt Fremdeinwirkung aus ..."

Die Polizei, die nichts Eiligeres zu tun hat, als öffentlich eine „Fremdeinwirkung" auszuschließen, damit auch ganz sicher etwas hängenbleibt, irgendetwas Ungutes, Mieses, Schäbiges, jaja, die Drogenszene usw., ist auch eine halbe Stunde später, vor Neuss' Wohnung in der Lohmeyerstraße, anwesend. „Nein, Sie können nicht in die Wohnung." Fotografen mit Ritsch-Klack und Blitzlicht stehen halb lungernd, halb geschäftig im Flur, eine Reporterin von der *BZ* stellt Fragen von schon gruseliger Geistverlassenheit: Was hat er angehabt, was hat er gegessen, der Detailramsch, hinter dem der Tod und der Tote verschwinden.

Arnulf und Günther von den *Tornados* sind da, Frau Zucker, Juppi von der *Ufa-Fabrik* und ein gutes halbes Dutzend Freunde und Bekannte von Wolfgang Neuss. Nach einigem Hin und Her — „Wir möchten von unserem Freund Abschied nehmen." „Nein, ich darf Sie nicht hereinlassen, wenn Sie keine direkten Verwandten sind." — gibt der Kripomann die Tür frei. Die Geburt ein Verwaltungsakt, der Tod ein Verwaltungsakt, und was dazwischen liegt, ist die deutsche Kultur.

Ausgehöhlt steht man da, ausgelutscht, einer weint und schluchzt, andere brüten schweigend, die *BZ*-Frau plappert ohn' Unterlaß. Majestätische Würde des Todes? Ach was. Es ist banal, es ist beschissen. Eine Bahre wird herausgetragen, eingeschlagen in graues Plastik liegt der winzige, der Kinderkörper, wird in einen schwarzen Lieferwagen verfrachtet, und dann ist Wolfgang Neuss nicht mehr da. Starr, wie blöde, sieht man ihm nach.

Manche umarmen sich, drücken einander die Hände, trösten sich hilflos, einer kalauert über die Drückebergerei auf dem Kabarett; jeder hat seine Methode der Verdrängung, seinen Dreh, den Tod von sich fernzuhalten. Gemeinsam geht man ins Café um die Ecke und zwängt etwas in sich hinein, beklommen, niedergedrückt, und wenn es auch angemessen ist, dazusitzen und den Schnabel zu halten, wirkt das Schweigen doch nur ratlos und dumpf. Irgendwer hebt an zur Haschischverherrlichung, wie prima das Kiffen doch den Menschen zum Guten verändere, bla bla bla. Hätte Neuss gesoffen, würde jetzt einer das Loblied des geistigen Getränks singen? Wahrscheinlich auch das.

Wolfgang Neuss ist schwer krank gewesen, man hat das gewußt, und seine Theorie, sein Krebs sei ein Haustier, das ihm zugelaufen sei und das er bei sich behalten müsse, war ein wohlklingend-abenteuerlicher Euphemismus dafür, daß es ans Sterben ging. Es ist gut, daß seine zuletzt unerträglichen Schmerzen vorbei sind, und doch will man das alles nicht glauben: daß Wolfgang Neuss, die — hier stimmt es einmal — lebende Legende, die so vielen freigeistig schweifenden Kräften Vater gewesen ist, Opa, Mutter und Kind, Nörgler, Querulant, Beschimpfer, Denkanstoßer und Wegweiser, sterben könnte, wollte man nicht wahrhaben. Frei delirierend hat er in seiner Wohnung gesessen, Hof gehalten, gleichermaßen asozial wie in permanenter Verwicklung mit der Welt, und unversöhnt ist er gestorben.

Mit einem gezwungenen „Wolfgang lebt!" betritt jemand fast launig das Hinterzimmer, wo wir sitzen und nichts begreifen; nein, das tut er nicht, da hilft kein Spruch, keine Lüge und keine Religion. Wolfgang Neuss ist tot.

Konfirmation

Sonntag, 13.5.1990, der Tag nach der Anti-Wiedervereinigungsdemonstration in Frankfurt/Main. Auf dieser gutgemeinten Veranstaltung — das Gegenteil von gut ist immer noch: gutgemeint — hatte ich erstmals die neofuturistisch ausgerüsteten wie anmutenden Polizysten und Grenzschützer gesehen, eine neue Spezies bzw. Generation von Wachtmeistern in einer Art prügelgerechtem Lego-Styling, olivgrüne deutsche Schutzleute als Vorwegnahme gentechnologischer Fehlschläge. Gemeinsam mit den beiden verdienten Kämpfern des Volkes Till Meyer und Klaus Croissant trug ich, als Nachwuchsanarchist quasi, ein Transparent mit der Aufschrift „Ein Arsch braucht zwei Hälften“, eine simple Wahrheit, die allerdings lediglich von den Huren im Bahnhofsviertel als solche erkannt und mit Zustimmung bedacht wurde. Die Stimmung bei den Demonstranten war mau und schwächlich; schon an diesem Tag, sechs Wochen vor der Währungsunion und fünf Monate vor dem Einigungsakt, zeichnete sich ab, daß beim Neuen Deutschland alle alles mitmachen und sich brav fügen würden.

In eher trübe Gedanken versunken, fuhren wir an diesem 13.5.1990 zurück nach Berlin, allein Croissant kurbelte jedesmal, wenn er einen Trabbi mit CDU- oder Deutschland-Aufkleber sah, das Seitenfenster herunter und tobte auf den Wagenlenker ein: „Revanchist! Opportunist! Reaktionärer Lümmel!“ teufelte der kleine Mann und gab wenigstens sich ein Ventil.

In der Nähe von Göttingen verließen wir die Autobahn, um irgendwo zu Mittag zu essen. Es war ein Konfirmationssonntag, überall Geschlossene Gesellschaft; im einzigen Gasthof, wo man uns vorn in der Schankstube einen Tisch gewährte, gab es ausschließlich Schnitzel mit Salzkartoffeln und Leipziger Allerlei. Wir stimmten zu, nur Croissant giftete: „Für mich ohne Gemüse! Mir wird schon schlecht, wenn ich das Wort Leipzig nur höre.“

Die Schiebetür zum Hinterzimmer stand offen, eine Konfirmationsgesellschaft brütete über dampfenden Schüsseln, die Damen weißgestärkt, die Herren krawattiert, und dazwischen saß ein herausgeputzter und zwangsgescheitelter 14jähriger und wurde zu einem nützlichen, willigen und, je nach Bedarf, handzahmen oder eben auch scharfen Mitglied des Deutschen Hundeclubs e.V. abgerichtet: „Sitz gerade! Schmatz nicht! Benimm dich!", der ganze Schrott, den Lebenshasser und Charakterkrüppel, die so hartnäckig leugnen, daß sich in ihrem rachitischen Innern etwas anderes befindet als eine Grabkammer, auf ihre Produkte ausgießen, aber die Art und Weise, wie der Junge mürrisch und verstockt vor sich hin starrte, ließ mir ein Lichtlein aufgehen: Weiß der Nesquik, woher die Resistenz kommt, aber bei ca. zwo bis drei Prozent klappt es nicht, und wenn sie noch so befehlen und schlagen und quälen und pressen, sie machen aus ihrer Brut keine anständigen, reibungslos funktionierenden Idioten.

Als Vater starb

Vater war kein freundlicher Mann. Als der Kellner im spanischen Restaurant höflich fragte, ob er Vaters seit ca. einer Stunde vor sich hin erkaltenden Teller abräumen dürfe, blaffte Vater: „Ja, nimm's ruhig mit. Aber friß nicht gleich alles auf." Vater hatte Schmerzen. Im Krankenhaus sagten sie, Krebs. Sie behielten ihn gleich da. Mit weit über 80 kriegte er noch einmal Windeln verpaßt. Außerdem jede Menge Morphium. Zwei Krankenschwestern kamen in Vaters Zimmer. „Was sind das für fette Weiber?" zischte Vater. „Die sind ja wohl eher was für junge Kerle!" schimpfte er wie beleidigt. Dann phantasierte er nur noch. „Schau, die schöne Gruppe!" zeigte er aus dem Fenster. Draußen war nichts. „Schau doch — die schöne Gruppe! Sie machen Sport!" Er richtete sich im Kissen auf. „Die schöne Gruppe! Sie machen alle Sport!" Plötzlich wurde er ärgerlich, richtig böse. „Warum macht ihr keinen Sport? Nun macht doch endlich Sport!" fuhr er die erschrockenen Krankenschwestern an. Der Oberarzt schlüpfte ins Zimmer. „Was will der Salzknabe hier?" flüsterte Vater, „Ich will den Salzknaben nicht sehen. Schick den Salzknaben raus!" Alle verließen das Zimmer. Zwei Stunden später hieß es am Telefon, Vater wäre gerade gestorben. Wir waren froh und dankbar.

Familienfeier

(z.B. Hochzeit, Beerdigung, Taufe o.ä.)

Brüste wippen
Männer kippen
Schnaps hinter schnapsnasse Lippen
Tanten nippen
am Likör.

Hüften schwingen
Lauter singen!
Hans ganz schnell nach draußen bringen!
Es ist dringen... —
oooh — Malheur!

Ein Geschwalle!
Ein Gequalle!
Ein Geschwatze und Gelalle —
Sind wir alle
beim Friseur?

Noch ein Helles?
Dein Spezielles!
Hanne trägt ihr kleines Grelles
Sexuelles
von Dior.

Hans abwischen
Auf den Tischen
wedeln Tanten mit den Fischen
geht inzwischen
Wüstes vor.

Trinken! Trinken!
Weitertrinken!
Und in weiches Fleisch versinken!
Sinken! Sinken!
Volles Rohr!

Der Morgen danach
Ein Beitrag zur Schamkultur

Manchmal — eher häufig — ist im Kopf Umnachtung
Und der Mund klappt munter-fröhlich auf und zu
Sondert diese oder jene unerleuchtete Betrachtung
Ab und läßt dem Rest der Menschheit keine Ruh'.

Anderntags ist ihm, dem Kopf, das meistens peinlich
Und er schämt sich, spürt Zerknirschung, fühlt sich leer
Und hofft doch, die Umwelt werde großzügig, nicht kleinlich
Reagieren: „Komm, vergiß es. Macht doch nichts, der Herr."

Ach, die Hoffnung trog. Man blickt pikiert zur Seite.
Trollt sich, sucht, die Brauen hissend, rasch das Weite
Geht, egal ob Mitmensch oder Haustier, grußlos ab.

Reue packt den Kopf, der jetzt die Zunge sorgsam hütet.
Noch — denn Stunden später nur wird neu gewütet
Wird geschüttet, hält der Mund den Kopf auf Trab.

usw.

Leise funkelt das Glück

Kleines Handbrevier des Untenrum
und verwandter Regionen menschlicher Größe
und Unzulänglichkeit

Sex: Beliebt bei Jungen und Junggebliebenen. Bekannt aus Funk und Fernsehn. *„Von Matell."* Bzw. *K-tel.*

Neger, Mythos Negerpotenz, Long Dong Silver usw.: Der Neger macht das Nashorn tot / wegen seiner Nase / Er macht Erotikpulver draus / und wartet auf Ekstase.

Sexualität und Sport: Nein, jetzt kommt nicht der Sermon, daß Jungs samstags zwischen 18 und 19 Uhr weder angerufen noch geküßt oder sogar flachgelegt werden können und wie furchtbar das ist, hier kommt ARD-Sportschaumann Jörg Wontorra zu Wort, der endlich Georgia Tornow, mit der er schon in Fritz Egners Päderastensendung *Dingsda* herumsaß, heiraten soll, damit die beiden „Jörg und Georgia Wontorra-Tornow" bzw. „Georgia und Jörg Tornow-Wontorra" heißen, aber das nur nebenbei. „O-Ton" Wontorra: *„Wohlfahrth hat alle Zeit der Welt."* Nun, zwei bis drei Sekunden maximal waren es, die der Stürmer Roland Wohlfahrth zur Verfügung hatte, um einen Ball ins gegnerische Tor zu jagen. Vgl. auch Quickie und Ejaculatio praecox.

Ejaculatio praecox: Oh oh oh oh shit! Bzw. natürlich: Oh fuck!

Lover: Gern auch Latin Lover (Gianna Nannini), Frauen haben Bock auf Rock, Frauenpower (Ina Deter). Wer über 1 oder mehrere Lover verfügt und gebietet, ist „frei" und „gut drauf" oder sowas ähnliches.

„Ja! Ja! Nein! Nein!": Ja wie denn nun? Geht es nicht eine Idee präziser?

Schwul / lesbisch: Identitätera! Lebensaufgabe: Beim Arbeitsamt nachfragen — demnächst Ausbildungsberuf?

Splicing: Nach dem Siegeszug des Piercing jetzt dieser *dernier cri:* Splicing. Hierbei wird das Glied der Länge nach in zwei Hälften zerteilt. Bekannt auch als

„Kalifornische Wünschelrute": Wo bitte geht es hier zum Strand („beach")?

Fist-Fucking (oder, wie der Franzose sagt, „Le Fiste-Föcking"): Hinein ins Naß mit Badedas. Bzw. Gleitcreme. Bis zur Schulter. Sonst war es nichts. Für Hartgesottene: Das zweite Bein will auch (muß mit) hinein.

Die Zigarette danach: „Liebes – darauf habe ich mich schon die ganze Zeit gefreut."

Versöhnungsvögeln: Der heimliche Hauptgrund für häufigen, ja permanenten Partnerschaftsabbruch. So schön ist das, wenn alles wieder gut ist. Und — „Tomm! Tomm!" — beieinander brummt und schnurrt.

Spritzen, Abspritzen: Wer das noch einmal sagt, muß lebenslang zur Freiwilligen Feuerwehr. Ortsgruppe Bielefeld-Altenhagen. Zu Roland „Porky" Brockmann und Andreas „Titsche" Tiemann. Ich kenne die beiden. Ihr seid gewarnt, Ihr Ferkel!

Männergruppe: Strohsack. Lagerfeuer. Einander am Eingemachten und am Schweißfuß riechen. „Einfach mal mit jemand reden." Siehe auch Nur für Frauen.

Das legendäre Erste Mal: Feierlicher Eintritt in die Heiligen Hallen. Kirchgang. Andacht. Pssst.

Beschneidung: Wieso eigentlich nur die Vorhaut? Siehe auch Frauenpower und Kastriert Vergewaltiger!

Männer: Gibt es nicht. Nur Typen. Siehe auch Ey der Typ nervt total.

Wohngemeinschaft (WG-Sex): Wird bei weit geöffneter Tür vollzogen. Damit die Rest-WG weiß: Die Beziehung (siehe Beziehungsgespräch) ist noch gut, hier wird Sex gehabt, alles tip-top, Eins a Zustand, quasi neuwertig. Sie: „Öch! Öch!" Er: „Homm! Homm!" Anschließend geht er pfeifend und nackt den Flur entlang, ein „Hat ja mal alles wieder ganz prima hingehauen!" im Mienenspiel. Danach kleines Frühstück, Eier im Glas, Sekt („Schampus! Titten! Lachs! Jroße Welt!"). Später noch einen nachlegen, „Öch! Öch! Homm! Homm!" wie oben, Pfeifen im Flur. Großes Frühstück. Zeitung. Stellenangebote. „Du — das wäre doch ne schöne Stelle für dich." Er verschwindet im WC der WG, später ganz. Sie wischt die Küche. Nächstes Wochenende: Same player shoots again. (Aber: Wer am Ende des 20. Jahrhunderts noch in einer Wohngemeinschaft lebt, der darf nicht meckern, sondern ist zurecht gestraft.)

Mach's mir! Besorg's mir!: Ööh ... schluck ... drucks ... ahemm ... äääh ... na gut: Was denn? Brot? Butter? Käse? Zigaretten?

Analverkehr: Was tut sich eigentlich auf dem Künstlicher Ausgang-Sektor?

Zweiter Vorname Maria (Katholische Mädchen): „Ich habe mir Moosröschen in die Schamhaare geflochten. Nur für dich!" — Er: „Oh wie nett!" (Denkt: „Jesus!") Siehe auch „Jesus!"

„Jesus!": „Jesus! Jesus! Ooooh... Jesus.....!" — Nicht sehr originell. Aber immer noch besser, als einen falschen Vornamen vielleicht auch noch besonders enthusiastisch und liebevoll zu jodeln. Darf nie passieren. Falscher Vorname ist ganz schlecht. Tut gerade in intimen Zusammenhängen sehr weh.

Städtepartnerschaft: Siehe auch Partnerschaftsabbruch. Nicht gut. Gar nicht gut.

„Ich liebe Dich!": Immerzu diese Grobheiten.

Cunnilingus: Schlabber. Schmatz. Mmmhm. Sie, tok-tok-tok auf die Schulter tippend, nicht einmal unfreundlich: „Sag mal — was machst Du da eigentlich?"

Orgasmus: „Oooh...oooh...oooh — du siehst aus wie Horst Ehmke!"

Pubertät: Also ihre Mutter finde ich ja eigentlich viel interessanter. Aber wehe, man sagt sowas. Böses Blut. Nicht gut, gar nicht gut. Oh nein.

Hörigkeit: Alles über sexuelle Hörigkeit finden Sie im Fachblatt *Stern*. Siehe auch sexuelle Schwerhörigkeit: „Was? Häh?"

Praktiken: Allein das bloße Wort läßt das Blut in den Adern gefrieren: Praktiken. Praktiken! Klingt nach Kneifzange, Knebel und Verhauen. Brrr.

Selbstbefriedigung: Also anonym ist das nicht.

Selbstbefriedigung II: Bei Männern (siehe Männer) immer: abstoßend, ekelhaft, widerwärtig, mies („Alter Wichser!"). Bei Frauen dagegen: große Sache. Magie (Oder *Maggi*?) Weiblichkeit. Nirwana. Befreiung. Schwer erkämpftes Glück.
Sich einlassen: a) Sich *mit* jemand einlassen: Untenrum, Juchhu! Alles. Prima. b) Sich *auf* jemand einlassen: Psyche viel groß. Nach dem Sich *auf* jemand einlassen folgt zwingend der Partnerschaftsabbruch (siehe Versöhnungsvögeln). Anschließend wird tüchtig aufgearbeitet mit Trennungs-, ja Trauerarbeit. Macht frei.
Der blutige Anfänger: „Französisch oder oral?"
Darkroom: „Liebes, stell schon mal den Natursekt warm!"
Serge Gainsbourg: Die linke Hand auf dem hübschen Arsch einer Frau, in der rechten einen Schwanz (nicht den eigenen), in den man wie in ein Mikrophon hineinspricht: „Aaah oui, je m'appelle ßerrsch. Faire L'amour, boum-boum, avec la baguette, oui, les hommes et les femmes, tout le monde, oui, äääh, les baguettes, comme si comme ça, faire l'amour, faire du boum-boum, etcétéra etcétéra...." — großer Mann. Tiefe Verbeugung.
Ausländer rein!: Bielefeld, ca. 1981, Petristraße, etwa 1 km entfernt vom lokalen Bordell mit dem schönen Namen *Knusperhäuschen*. Vier stark betrunkene Deutsche fragen so nach dem Weg: „Bummjen? Bummjen?" Aus einem mit etwa sieben Türken vollgepfropften Kleinwagen dagegen wird dasselbe Ziel nüchtern und höflich erfragt: „Du, wo sein hier Fick-Fack-Haus?"
Hand aufs Herz: Wem hätten Sie den Weg erklärt?

P.S.: amnesty international! Würden Sie bitte zum nächstmöglichen Termin ganz oben auf die Liste der zu ächtenden Menschenrechtsverletzungen ein Verbrechen setzen, das zum Schlimmsten gehört, was Menschen einander antun? Nämlich das sog. *Beziehungsgespräch*? Und würden Sie dann auch beim Europäischen Gerichtshof, bei der UNO und im Weltsicherheitsrat ordentlich Druck machen, damit die Kampagne richtig zum Tragen kommt?

Ja? Dafür wäre Ihnen lebenslänglich dankbar: Immer Ihre Ihrn W.D.

In Gedanken

Müde bin ich und erfüllt, das Tagewerk ist vollbracht und per Post expediert. Die Klugen und Guten wurden gelobt und bestärkt, die Dummen, die Mitmacher und Bösewichter zertrümmert, ein bißchen jedenfalls. Ganz von allein tragen mich meine Beine die Straße hinab, Richtung Wirtshaus, wo es Trost gibt und Gnade, Rast von den Zumutungen des Alltags, vielleicht sogar Gleichgesinnte. Schon bin ich da und betrete das Café Swing, und siehe!, Manon, der Engel aus Den Haag, lächelt blitzenden Auges. Rot funkelt der Wein im Glase, das Geplauderte perlt und schwebt und wärmt wie das Getrunkene. „Du siehst glücklich aus", sagt Manon, ich lache und sage „Ja, mich hat die Muse geküßt", und sie kuckt plötzlich finster und fragt herbe: „Die Möse geküßt?" — „Neinnein", rufe ich flink, „die Muse. Muuuse!", und sie gibt erleichtert zurück: „Das ist gut. Ich habe mich schon gewundert, was du hier plötzlich für Schweinereien abläßt." Ernst und feierlich, mit den blausten mir möglichen Augen sage ich: „Niemals. Das würde ich niemals tun." Und denke still und leise für mich, nur in Gedanken: „Jedenfalls nicht sagen."

Abenteuer Journalismus: Wenn Berliner zu sehr lieben

Eine Under-Cover-Reportage aus dem heimlichen Herzen des Landes, dem EC-Bordrestaurant

Warum kostet eine Tasse Kaffee vier Mark zwanzig? Warum heißt ein muffiger, dumpfer Verschlag, eine Art Essen-auf-Rädern-Kantine mit Stammessen I — V *EC-Bordrestaurant*? Warum haben Züge Namen? Damit man sie rufen kann, wenn sie weglaufen: „Komm zurück, Intercity *Prinz Max von Baden*?" Und wenn sie schon heißen müssen, warum so langweilig: *Johann Sebastian Bach*? *Ricarda Huch*? — Bah! Wie gerne dagegen säße ich in einem Intercity *Franz Kafka*. Das wäre kafkaesk. Oder in einem ICE *Josef Stalin*. In einem Eilzug *Stan Laurel*, ja *Stan Libuda*! Oder schliefe alptraumlos und gut in einem Nachtzug *Adolf Hitler*.

Aber nichts da — in einer Höllenmaschine, einer Erfindung des Teufels stecke ich wie festgeschraubt: in einem *Eurocity* bzw. sogar *Interregio*. Wie ein Fluch kam diese Angeberei in die Welt. Eine allenfalls noch notdürftige Simulation von Abteilwand vereitelt jede akustische Zuflucht vor jabbelnden, kreischenden, reisewütigen sog. *Senioren*, die sich mit klappernden, zischenden Gebissen wechselseitig Uninteressantes in knackende Hörgeräte hineinbrüllen. Acht Stunden rumpelt der *Interregio*, dieser Vorgeschmack des vereinten Europa, von Stuttgart — nebenbei: Klingt wie Hitler, Stuttgart, oder? — in die Hauptstadt.

Sitzplatz habe ich keinen, aber mir steht das *Bordrestaurant* zur Verfügung, wo das *EC-Team* sich freut, mich begrüßen zu dürfen — das behauptet jedenfalls der Lautsprecher. Das EC-Team ist ein etwa 40jähriger, stark abgekämpft wirkender Mann offensichtlich südeuropäischer Herkunft, der verzweifelt von Tisch zu Tisch wetzt. Während ich auf einen Kaffee warte, kann ich drei Tische weiter das immer wieder und auch diesmal schöne, ja

ICE WOLF BIERMANN
Der Unterhaltungsdampfer unter den Zügen.
PUTZT DIE SCHIENEN, MACHT MUSIK.
BUPP

faszinierende Schauspiel erleben, wie sich bislang fremde Menschen kennenlernen, ja sogar menschlich näherkommen. Ein rotgesichtiger, schwerer Mann in den Fünfzigern und ein etwa gleichaltriger, aber von Alkoholabusus und Schweinefleischverzehr weit weniger gezeichneter Mann mit grauem Backenbart und Brille erheben sich nahezu feierlich von ihren Bratpfannenhintern, um eine Frau Anfang 40 zu begrüßen, die sichtlich auch schon einiges in sich hineingetrunken hat im Laufe ihres Lebens, aber noch nicht ganz und gar aus dem Leim gegangen ist. Vor wenigen Minuten erst ist man sich im Abteil zum ersten Mal begegnet, hat dort festgestellt, daß man dasselbe Ziel, dieselbe *Heimat* hat, Berlin bzw. *Ballin*!, Berliner Heimat, einzig unter den Heimaten! Die Dame ist der Einladung der beiden Herren in den Speisewagen tatsächlich gefolgt, hurra, oho, ein Grund zum Feiern, all das durchschaue ich, der geschulte Zeitungsmann, mit einem Blick meiner scharfen Augen, und ich nehme die journalistische Herausforderung an, die anstehenden Verwicklungen, Verirrungen, Verkeilungen und Entgleisungen dieser drei Menschen lückenlos zu begleiten und zu dokumentieren. Während ich Wimpern und Lider senke und mein Ohr drei Tische weiter zu installieren versuche, erweist sich dieser getarnte Lauschangriff als übertrieben, ja überflüssig: Die drei sind Berliner, richtige, echte Berliner, und ihre Grundlautstärke liegt somit bei ca. alle Regler rechts.

„Aaah! Prinzessin! Mein Prinzeßchen!“ streckt Rotgesicht die Hände nach der Frau aus, die brav ihre Finger in seine dicken Kloben legt, er hält fest, läßt nicht locker, strahlt, plumpst in seine Bank, die Hände noch immer am Objekt, dem das gar nicht übel zu gefallen scheint. Graubart dagegen hält sich zurück, setzt offenbar auf den Charme des Mannes im Hintergrund bzw. ist noch unentschieden, wie weit er sich am gerade gestarteten *Chercher la femme*-Gedächtnisrennen beteiligen soll. Rotgesicht — er hat die schwammige Physiognomie Eberhard Diepgens, nur die Gesichtseinfärbung ist um einige Spuren puteriger — rakt die unegalen Finger jetzt in die Luft und wühlt und rührt nach dem Kellner, dem Ein-Mann-EC-Team, das herbeigeeilt kommt. „Hammse Schammpannja? Ja? Einmal Schammpannja für meine Valobte! Hähä! Für uns Pils und für mich noch einen, nee, zwo Doornkaat! Aba zack-zack, wa! Meine Valobte hat Durst!“ Die soeben frisch Verlobte ist höchst entzückt über soviel Charme, Herr Doornkaat wiederum entzückt über ihr Entzücken, „Laß ma, Prinzeßchen, iss schon jut, habda sonne kleene Firma in Ballin, wa, naja, eijentlich isses eher ne jroße, Baubrangsche, wa“, prahlt er selig, die erste Runde ist blitzschnell weggeputzt, die zweite geordert. Die von Doornkaat-Rotgesicht-Diepgen begehrte Frau, das Gesicht leicht rosé schon vom prickelnden Getränk, holt ein Kaugummi aus der Tasche, „Aaah, Jummi — Präservative, wa? Schwarze, wa?“ ächzt wie in Vorfreude Baulöwe, „Naja, der eine kann zweemal am Tach, der andere zweemal im Jahr, hähä“, setzt er irgendwie sinnlos hinzu und läßt im Dunkeln, ob er sich damit als Zuchthengst oder als bereits ausgemusterter Ex-Geschlechtsverkehrer präsentieren wollte.

Dessen ungeachtet wird der Faden dankbar aufgenommen, nach dem inzwischen vierten Glas — das Trinktempo ist schwindeligmachend — gibt Prinzeßchen ebenso bereitwillig wie breitbeinig Auskunft. Apothekerin ist sie, ihr Ehemann Apotheker, eine gemeinsame Apotheke wie eine gemeinsame Tochter gibt es, „Süüüß!“ brüllt Baulöwe ahnungslos, aber zu jeder Begeisterung bereit, dazwischen, mit dem Apotheker, so erfährt mit mir jeder Insasse des *Bordrestaurants*, „läuft aber schon seit Jahren nichts mehr. Wir sind zwar noch verheiratet, aber man lebt doch nicht mehr im 18. Jahrhundert! Ich habe auch meine Bedürfnisse!“ spricht es jetzt nahezu im Klartext aus der Frau. Baulöwe-Doornkaat-Diepgen-Rotgesicht, der inzwischen stark ins Blau-Violette hineinspielt, ist nur noch glücklich, „Aba keene Schweinereien, wa?“ japst er lauernd, hinter seinem wie eingeölt glänzenden Gesicht ersteht die Vision von tausend Versionen dessen, was er „Schweinereien“ nennt, die ihrerseits, schon in der bloßen Vorstellung, sehr durstig machen: „Watt sind Sie denn eijentlich fürn Landsmann, wennick ma so frajen daaf?“ wird der vorbeihastende Kellner jäh gestoppt, „Jujoslawe, wa?“ Der Kellner nickt betreten, „Naja, macht ja nischt“, tröstet Baulöwe jovial, seine Verfärbung hat jetzt bereits tiefdunkellila erreicht, „dettselbe wie vorher und nochmal zwee Doornkaat extra, ach so, und wose jrade hier stehn, könnse uns eijentlich ma fotojrafiern“, drückt er dem geplätteten Kellner eine Kamera in die Hand, „wir wollen doch ma zu dritt aufs Foto, aba keen Dreia, wa, hähä!“ wird Graubart, der bereits gänzlich ins Hintertreffen geraten schien, wieder großzügig integriert, der Kellner knipst und murmelt entschuldigend, der Champagner sei jetzt alle, kein Wunder eigentlich, aber hier hört für Baulöwe der Spaß auf, er ist ein prima Kerl, mit dem man gut auskommen kann, aber er kann auch anders, kann auch andere Saiten aufziehen, ungemütlich werden. „Wie? Watt? Keen Schammpannja? Und Lachs hammse ooch nich, wa? Sajensema, wo sind wa denn hier?“ tobt er den jetzt nahezu komplett in sich zusammensackenden EC-Mann an, der aber unverhofften Prinzessinnenbeistand erhält: „Im Osten! Im Osten sindwa!“ kiekst und kräht Prinzeßchen. „Jrooßaahtich! Janz janz jrooßaahtich!“ kommentiert Baulöwe diesen eher matten und flauen Scherz, drischt mit gehwegplattendicken Pranken auf den Tisch ein, „Prinzeßchen, Du bist einmalich! Jrooßaahtich!“, springt auf und umarmt — Endlich! Endlich! — trunken die trunkene Frau, seine Hände sausen rauf und runter an ihr, seitlich wie vorne und hinten, sein von Hitze, Schweiß und Schnappes naßglänzendes, glühendes Gesicht tunkt sich in das ihre, ein Kuß, fast reißt es mich aus dem Sitz: Mit Zunge?

Das ist die Frage nach den Fakten, die der investigative Journalist, der Stefan Aust in mir jetzt *knallhart* zu klären hat, weil Fakten, investigativer Journalismus und Stefan Aust nun mal *knallhart* zu sein haben. Noch immer hängen die beiden, Säcken ähnlich, ineinander verwurstelt, verzahnt, verzwackt; ich kann nichts sehen, Doornkaat lila hat seine Finger um ihr Gesicht gemantscht, und gerade jetzt, wo ich die Maske des diskreten Beobachters fallenlasse und ungeniert begierig hinüberstarre, läßt er stöhnend von ihr ab, schwankt zurück auf seinen Platz, bebend vor Begeisterung über sich selbst und dieses pralle, mörderische, echte Leben. Ich gleite zurück in meine Rolle, unbemerkt, die Glücklichen haben Triefaugen nur für sich, und langsam nähert sich der Zug der Hauptstadt. Noch einmal wird das EC-Team traktiert, „Wech mit dem Scheiß! Frische Jläsa!" grölt Baulöwe, eine Art Gesamterektion ist in ihn hineingefahren, durch ihn durchgegangen, „Im Leben iss dett imma so!" herrscht er, geradezu sibyllinisch, den Kellner an, „So iss dett bei mir imma! Frisch jekotzt iss halb jeschissen!", ein sphinx-, ja sphärenhafter Ausruf, ein Mantra, ein buddhistisches *Koan,* an dessen Lösung man sich ein ganzes Jahr abarbeiten kann, ja muß.

„Mußte deinen Mann nachher küssen?" findet Baulöwe wieder roh in die Wirklichkeit zurück; Theke — Antitheke — Apotheke, das ist die Lösung, denke ich, langsam erlöschend, nein, du mußt dich zusammenreißen, der Under-Cover-Journalismus, Kisch, Stefan Aust, alles, schreib das auf, Mann! Du bist Profi, das ist die Story deines Lebens!

„Freitag, 17 Uhr, KaDeWe Lebensmittelabteilung, Schlemmerecke, Prinzeßchen!" schnappe ich auf. Ha! Sie haben sich verabredet, er wird sie plattmachen oder dem Infarkt erliegen, wenn nicht hier im *Bordrestaurant,* dann doch am Freitag nach dem KaDeWe-Besuch oder später. Sie wird ein Apothekerseminar im Schwarzwald vortäuschen, irgendwo in einer Hotelsauna, Quatsch, in einem Hotelzimmer wird es passieren, ich weiß es, und ich werde dabei sein, aber nicht nur ich, auch Graubart ist mit von der Partie. Was für eine Rolle spielt er in diesem Spiel? An die acht Stunden hat er schweigend ausgeharrt — duldend? Leidend? Freudig erregt? Ich weiß es nicht, er saß mit dem Rücken zu mir. Kriegt er des Nachts als stummer Diener den Anzug von Baulöwe übergehängt und darf dafür zusehen und -hören? — Ich werde es herausbekommen, ich verspreche es mir und den Lesern in die vor innerer Raserei feuchtgewordenen Hände. Aaaah!

P.S.: Freitags drauf, 17 Uhr, KaDeWe: Wir sind alle da. Baulöwe, Graubart und die Reiseapotheke kippen Champagner, Pils und Doornkaat, futtern Lachs, schwatzen munter. Unbemerkt beobachte ich sie, versteckt hinter der Kaffeetasse. Beim Verlassen des Gebäudes verliere ich sie im Gewühl.

P.P.S.: Viereinhalb Wochen später: Zen-Meister Kommissar Zufall ist auf meiner Seite. Morgens im 129er Bus, zwischen Reichenberger Straße und Görlitzer Bahnhof, entdecke ich Baulöwe, tomatenrot und allein. Ohne Prinzeßchen. Und wo ist Graubart? Tot? Am Görlitzer Bahnhof entwischt mir Baulöwe erneut. Ob er etwas ahnt? Hat er mich bemerkt? Ich bleibe dran. Nennt mich Stefan. Sagt Aust zu mir.

(nach Diktat verschollen)

In 80 Phrasen um die Welt
(eine Welt, die uns gefällt)

Man steckt nicht drin.
Muß. Und selbst?
Sie taugen alle nicht.
Morgen in alter Frische.
Du weißt, wie es ist, Hans.
Sowieso.
Hauptsache alle gesund.
In der Branche saufense doch alle.
Wer zu spät kommt, den bestraft das Leben.
Abschiednehmen ist ein bißchen wie sterben.
Ich kann mir das doch nicht aus den Rippen schwitzen.
Auffen Tisch gehnse kapott!
L.A., Alter!
Der Tod ist ein Meister aus Deutschland.
Draußen gibts nur Kännchen.
Pikus heißt der Waldspecht.
Die Weiber stehn drauf.
Frohes Schaffen noch!
Alles klar?
Hose runter!
Bargeld lacht.
Polizei: SA! SS!
Die sind doch alle vom Stamme Nimm!
Das Boot ist voll.
Schön ist das nicht.
Kommt mir da auf 'ne Mark nicht an.
Typisch deutsch!
Wer sowas tragen kann.
Also ich bin ja dermaßen Fix und Foxi.
Iso-Haft ist Mord.
Frag nicht nach Sonnenschein.
Tschüssikowski!
Karo heißt der Hühnerhund.
Der Schlaf ist der kleine Bruder des Todes.

Frauen gemeinsam sind stark.
Da kamman nich meckern.
Die Mauer ist in unseren Köpfen.
Bin ich hier der Himbeer-Toni?
Schönen Feierabend noch.
Aber Du, ey!
Das ist nur so'n Kucken.
Starker Tobak!
Der alltägliche Wahnsinn.
Bei Geld hört die Freundschaft auf.
Aber hallo!
Solange man noch drüber lachen kann.
Frauen, bildet Banden!
Direkt vor Ort.
Ein Herz hat ein jeder.
Die Schere im Kopf.
Schade um das schöne Geld.
Er verdient da ja gutes Geld.
Der Groschen ist kein Sturzbomber.
Da kannste aber drauf an.
Das Hemd sitzt näher als der Rock.
Wir sind die Fans.
Hey man!
Man wird nicht jünger.
Karte oder Stück Holz.
Der Tanz auf dem Vulkan.
Zerschlagen!
Ich kenne die Brüder.
Obwohl oder gerade weil.
Ist doch Jacke wie Hose.
Verkrustete Strukturen aufbrechen.
Irgendwie bin ich ja auch eine Frau.
Keine Gewalt!
Es ist fünf vor zwölf!
Im Endeffekt.
Prösterchen! (Prostata!)
Bleibt zu hoffen, daß.
Man macht was mit.

Ein gutes Pils braucht sieben Minuten.
Frieden schaffen ohne Waffen.
Hilft alles nichts: Kannste nichts dran machen.
Hoch die Internationale Solidarität.
Da hört der Spaß auf.
Nie wieder Krieg!
Ganz normal verrückt.
Um elf Uhr hängt die Hose kalt am Bett.
Die anschließende Ecke brachte nichts ein.

Inhalt

HEY DU!

Hast Du nicht Bock bei unserer

Antifa-Singegruppe mitzumachen?

Du solltest zwischen 14-17 Jahren sein!

Cool wär, wenn Du ein Instrument spielst! Wenn nicht, auch gut!

Wir sind jeden Freitag von 17^{00}-19^{00} Uhr in der Naunynritze.

Infos gibts bei Gabi: [redacted]

Ciao, wir sehen uns!